KB055626

나는 단호해지기로 결심했다

Bis hierher und nicht weiter
by Rolf Sellin

나는 단호해지기로 결심했다

타인에게 휘둘리지 않고
나를 지키는 관계 심리학

롤프 젤린 지음
박병화 옮김

걷는나무
walking tree

프롤로그

지금 우리에게는 무한한 친절과 배려보다 안 된다고 선을 긋는 용기가 필요하다

다른 사람의 부탁을 들어주느라 정작 내 할 일은 하지 못하고 지쳐 버린 날이면 부모님은 늘 이렇게 충고하셨다. "무리한 부탁을 할 수 없게 분명하게 선을 그어. 그래야 다른 사람에게 이리저리 끌려다니지 않아." 하지만 나는 아무것도 바꿀 수 없었다. 선을 긋는 포즈를 취하기만 해도 지금까지 쌓아온 우정과 신뢰가 깨져 버릴 것이라고 생각했기 때문이다.

그때까지만 해도 나는 인간관계가 내가 가진 모든 것을 다 내주거나, 마음의 문을 꽁꽁 닫아걸거나 둘 중 하나만 선택할 수 있다고 믿었다. 그래서 누군가 무리한 요구를 해도 참고 버티면서 상처받을 상황을 자초했다. 그리고 상처를 받으면 상대를 원망하며 완전히 관계를 단절해 버리고는 했다. 그러나 지금은 알고 있다. 세상 모든 것을 선과 악으로만 구분할 수 없듯이, 인간관계도 '개방' 아니면 '폐쇄' 이 두 가지 방식만 존재하는 것은 아니라는 사실을 말이다.

25년 동안 심리 치료를 해 오면서 깨달은 것이 있다. 우리가 삶에서 겪는 모든 문제는 인간관계에서 비롯된다는 사실이다. 가족, 친구, 이웃, 직장 동료 등 우리는 다양한 형태의 관계 속에서 타인과 어울려 살아간다. 아무리 독립적인 삶을 추구하는 사람이라고 해도 어떤 관계에도 속하지 않고 다른 사람과 완전히 분리되어 살 수는 없다. 인간은 철저하게 사회적인 존재이고, 우리가 짐작하는 것보다 훨씬 더 강력하게 다른 사람의 생각과 감정에 영향을 받는다. 어떤 음식을 먹을지부터, 뭘 입을지, 어디로 여행을 갈지, 어디에 돈을 투자하고 어떤 직업을 선택할지까지, 우리는 타인의 머릿속에서 자신이 원하는 것을 찾으려고 할 때가 많다. '그들'에게 사랑받고 인정받는 것이 나를 더 괜찮은 사람으로 느껴지게 만들기 때문이다. 그래서 누군가 지켜볼 때 더 선한 행동을 하고, 주위 사람들이 슬퍼하면 함께 슬픈 감정에 휩싸이며, 다수의 선택을 거의 대부분 믿고 따른다.

이런 현상이 나쁜 것은 아니다. 소속 욕구와 인정 욕구는 사회 규범을 준수하게 하고 다른 사람을 배려하고 이해하는 능력을 갖게 해 준다. 그러나 그 욕구가 지나치게 커지면 자신의 생각과 감정을 희생하면서까지 타인에게 맞추려고 하는 문제가 발생할 수 있다. 남의 기분을 신경 쓰느라 정작 내 마음이 곪아 터진 것은 보지 못하고, 주변 사람들을 배려하느라 내 가족이 상처받는 것은 알지 못하며, 다른 사람의 뒤치다꺼리를 하느라 내가 원하는 일은 놓쳐 버리게 되는 것이다.

사람들은 다른 사람에게 인정받고 사랑받으면 행복해질 거라고 생각하지만 자신의 이익과 권리를 모두 내주면서 참고 견디는 것은 그 누구도 행복하게 만들지 못한다. 나만 손해 보는 것 같은 기분, 타당하지 않은 비난, 언짢은 행동 등을 거부하지 못하면 억울한 마음은 사라지지 않고 점점 커지기만 한다.

오래도록 좋은 관계를 지속하는 힘은 무한한 친절과 배려가 아닌 단호한 선 긋기에서 나온다. 선을 긋는다는 것은 상대와 나 사이에 넘을 수 없는 벽을 쌓고 접촉을 끊어 버리는 것이 아니다. 상대의 요구와 개입을 허용할 수 있는 한계를 정하고 감정적으로나 신체적으로 혹사당하지 않는 것이다. 아무리 가까운 사람이라고 해도 내 일을 망칠 것 같을 때는 '미안하지만 더는 도와줄 수 없다'고 말할 수 있어야 한다. 또한 아무리 사랑하는 사람이라고 해도 내 인생을 마음대로 휘두르게 내버려 두어서는 안 된다. '거절하면 실망하겠지, 내가 참는 게 모두를 위해 낫지 않을까' 하는 마음으로 불만을 묻어 두기만 하면 풀지 못한 부정적인 감정은 분노가 되어 결국 엉뚱한 순간에 폭발하고 만다. 그토록 지키고 싶었던 관계도 결국 망쳐 버리게 되는 것이다. 어떤 일을 하든 어떤 사람을 만나든 참고 견디는 데는 한계가 있어야 한다. 그래야 나의 시간과 에너지를 다른 사람을 원망하는 일에 낭비하지 않을 수 있다.

'너'와 '나'라는 존재는 밧줄로 연결된 조각배와 같다. 파도가 몰아치는 바다에서 목적지까지 안전하게 항해하기 위해서는 바람의 방향과 속도에 따라 밧줄의 길이를 수시로 조절해야 한다. 너무 멀어지면 줄이 끊어지고 너무 가까워지면 배가 부딪혀 부서질 것이다. 인간관계도 마찬가지다. 너무 멀어지면 남남이 되고 너무 가까우면 다툼이 생긴다. 자신이 수용하고 이해할 수 있는 한계를 설정하고 그 선을 넘지 않도록 끊임없이, 섬세하게 거리를 조정해야 한다.

나보다 타인에게 더 잘하려고 애썼던 마음을 내려놓는 순간, 나 자신은 물론 25년 동안 상담실에서 만났던 수십만 명의 사람들에게 기적 같은 변화가 생겼다. 놀랍게도 관계는 깨진 게 아니라 더 단단해졌다. 있는 그대로의 나를 드러내자 서로에 대한 신뢰가 생기고 각자의 생각과 취향을 존중받을 수 있었다.

상대에게 맞추려고만 할 때 우리는 스스로를 투명인간으로 만들어 버린다. 자신을 철저하게 감추고 다른 사람 속으로 들어가 버리는 것이다. 그러나 자신의 속마음을 보여 주지 않는 사람에게 진심을 고백하는 사람은 없다. 그러니 자신의 이익과 권리를 주장하는 것을 망설이지 마라. 상대에게도 나에게 적응하고 맞출 수 있는 기회를 주라. 그래야 격렬하게 논쟁을 벌인 후에도 함께 웃을 수 있는 진실하고 돈독한 관계를 만들 수 있다.

롤프 젤린

한계 설정 테스트

나는 다른 사람에게 얼마나 휘둘리고 있을까?

우리는 다양한 영역에서 다양한 방법으로 한계 설정을 해야 한다. 직업적인 영역에서는 상대 앞에서 한계를 잘 정하는 사람이 사적인 공동생활을 할 때는 어려움을 겪기도 한다. 이와 정반대인 경우도 있고 전혀 다른 모습을 보이는 사람도 있다. 이와 관련된 물음을 제기하면 당신의 모습을 거울에 비춰 볼 수 있다. 당신 자신의 한계 설정 능력을 둘러싸고 무엇이 요구되는지 구체적인 모습을 떠올릴 수 있다는 말이다.

1. 상대의 요구를 거절하기 힘든가?

A 나에게는 해당하지 않는다.

B 나는 거절하는 일이 힘들고 안 된다는 말을 할 때도 한참 동안 망설인다. 상대의 요구를 들어주어야 한다는 책임을 느낄 때가 많지만 나의 바람은 쉽게 외면한다.

C 나는 거절해야 하는 상황을 피하지 않는 편이다. 그러나 거절하고 난 뒤 집에 돌아가서는 미안함에 괴로워할 때가 많다.

D 나는 상대가 요구하는 바를 가벼운 마음으로 듣는다. 그리고 내가 해 줄 수 있는 일인지, 아닌지를 판단한다. 이 판단의 기준은 나에게 있으며, 상대의 기대는 아무런 영향도 미치지 않는다. 나는 자발적으로 누군가의 요구를 들어주며 즐거움을 느낀다.

2. 일에 대한 압박감으로 휴식 시간도 없이 일할 때 자신이 무능하다고 생각한 적이 있는가?

A 나에게는 해당하지 않는다.

B 내가 무능하기 때문에 일에 대한 압박감이 크다고 생각한다.

C 경우에 따라 다르다. 일이 힘들 때는 무능해서 그런 건 아닐까 생각할 때도 있지만 일이 재미있을 때는 내 능력에 대해 의심하지 않는다.

D 나는 일할 때 능률을 올리는 것을 중시한다. 지치지 않고 목표를 달성할 수 있도록 스스로를 독려한다.

3. 손해를 보면서까지 다른 사람을 배려하고 후회한 적이 있는가?

A 나에게는 해당하지 않는다.

B 언제나 다른 사람에게 양보한다. 그러나 고맙다는 말도 듣지 못하고 이용당했다는 생각이 들 때는 상대를 원망하며 다시는 배려하지 않기로 결심한다.

C 그런 적이 몇 번 있었다. 지금은 손해가 클 때는 아예 개입하지 않으려고 노력한다. 그리고 다른 사람을 배려한 후에 보상받고 싶은 마음을 갖지 않으려고 애쓴다.

D 나는 남에게 베푸는 것을 좋아한다. 순전히 내가 원해서 하는 행동이다. 따라서 상대에게 부담을 주고 싶지도 않고 후회하고 싶지도 않다.

4. 일이 뜻대로 풀리지 않을 때 자주 자제력을 잃는가?

A 나에게는 해당하지 않는다.

B 그러지 않으려고 아무리 애를 써도 자제력을 잃을 때가 있다. 그럴 때마다 가장 크게 상처받는 사람은 나 자신이다. 나에 대한 실망감이 너무 커서 다시 평정을 되찾을 때까지 시간이 오래 걸린다.

C 그런 일은 자괴감이 클 때나 압박감이 심할 때만 발생한다. 오래 지나지 않아 다시 원상회복되는 편이며, 또 다시 과민 반응이 튀어나올 때는 미리 알아차리고 자제할 때가 많다.

D 다행히도 나는 일이 어긋날 때면 미리 알아차리는 편이다. 그

럴 때는 정신을 집중하고 차분하게 말로 표현한다. 이런 대처가 불가능할 때는 스트레스 상황으로부터 몸과 마음을 떼어 놓는다. 다른 대안을 생각해 보거나 밖으로 나간다.

5. 아주 가까웠던 관계를 단절해 본 적이 있는가?

A 나에게는 해당하지 않는다.

B 몇 번 있다. 그들을 좋아했고 많은 것을 양보하고 배려했지만 그들은 나에게 엄청난 실망감만 안겨 주었다.

C 전에 그런 일이 한 번 있었다. 아직 앙금이 해소되지는 않았지만, 그 사람을 원망하지는 않는다. 관계가 완전히 단절된 것도 아니다. 내가 잘못한 부분도 있다고 생각한다.

D 없다. 나는 균형을 중요시하기 때문에 원망하는 마음이 생길 때까지 상황이 꼬이도록 방치하지 않는다. 방해가 된다는 느낌이 들 때는 분명히 말로 표현하며, 상대가 달라지지 않으면 더 이상 가까이 하지 않는다.

6. 자신은 다른 사람의 말을 열심히 들어 주는데, 정작 내가 필요할 때는 경청해 주는 사람이 없다는 느낌을 받을 때가 많은가?

A 나에게는 해당하지 않는다.

B 그런 사람들이 내 주위에 있다. 그러면 상대는 아무렇지도 않은데 나 혼자 힘이 빠진다는 느낌을 받는다.

C 물론 그런 사람들이 있지만, 나에게는 다른 사람의 이목을 끌

수 있는 힘이 있다고 생각한다. 산만한 분위기를 정리하고 나에게 집중시킬 때는 묘한 쾌감을 느낀다. 그래서 기운이 빠질 때도 있지만 최대한 상대의 말에 공감해 주면서 내 이야기를 할 기회를 엿본다.

D 상대가 일방적으로 혼자 말하고 있다는 느낌이 들 때는 말을 중단시키거나 짧게 끝내도록 한다. 그러면서 차츰 내가 하고 싶은 말을 한다.

7. 다른 사람과 함께 있는 것이 불편할 때가 자주 있는가?

A 나에게는 해당하지 않는다.

B 그렇다. 그래서 될 수 있으면 남들과 어울리는 것을 피하고 혼자서 지낸다.

C 그런 일은 내가 피곤하거나 우울할 때만 발생한다.

D 나는 내가 언제 다른 사람과 같이 있는 것을 싫어하고 지루해하는지 정확히 알고 있다. 그래서 다른 사람과 완전히 관계를 단절하지 않으면서도 스트레스를 받지 않을 수 있는 타인과의 거리를 늘 생각한다.

8. 다른 사람과 대화할 때 자신의 관점을 자주 놓치는가?

A 나에게는 해당하지 않는다.

B 다른 사람에게 동조해 줄 때가 많다. 두 사람이 한 가지 주제로 대화를 하면서 서로 입장이 다를 때가 힘들다.

C　다른 사람의 의견에 무조건 동조하지는 않지만, 굳이 내 생각은 다르다고 얘기하지도 않는다.

D　우리는 각자 생각하는 바가 다른 사람들이다. 나는 상대의 입장에서 생각해 보려고 노력하는 만큼 내 생각을 논리적으로 말하려고 노력한다. 나는 나의 관점을 잃지 않으면서 상대의 생각을 듣는다. 만약 상대의 이야기를 듣고 내 생각이 바뀐다면 기꺼이 상대의 의견에 동의할 것이다.

9　초대받은 자리가 불편할 때 대화를 중단하고 집에 가야겠다고 말하는 것이 어려운가?

A　나에게는 해당하지 않는다.

B　끝까지 자리를 지킨다. 초대한 사람을 실망시키고 싶지도 않고 다른 손님들에게 피해를 끼치고 싶지도 않다.

C　집에 갈 수밖에 없는 핑곗거리를 찾는다. 다음 날 일찍 출근해야 한다거나 몸이 좋지 않다는 말로 미리 양해를 구하고, 다른 사람들이 피곤한 기색을 보일 때까지 기다렸다가 조용히 나간다.

D　불편한 기분이 들면 집에 간다. 거짓 이유는 대지 않는다. 다만 초대해 준 사람에게 즐거운 시간을 갖게 해 줘서 고맙다고 인사하고 조용히 나간다.

10　내키지 않는 초대를 받았을 때 대답을 회피하는가?

A　나에게는 해당하지 않는다.

B 나중에 후회하더라도 무조건 간다고 대답한다. 얼굴을 마주한 상태에서 거절하는 것은 너무나 어려운 일이다. 나중에 취소하게 될 때는 더 마음이 무겁고 힘들지만, 거의 대부분 거절하지 못한다.

C 상대가 누구냐에 따라 다르다. 가령 상사나 남자 친구의 부모님처럼 어려운 관계라면 즉석에서 응한다. 그 밖의 경우에는 충분히 생각하고 대답한다.

D 어떤 초대든 즉석에서 결정할 이유가 전혀 없다고 생각한다. 일정을 확인하고 다시 연락을 하겠다고 말한다. 그리고 실제로 일정을 살펴보며 차분하게 생각해 본다. 만약 일정이 괜찮은데도 가고 싶지 않을 때는 상대의 기분을 상하게 하지 않는 이유를 찾는다. 그 사람의 마음을 다치게 하고 싶지 않기 때문이다.

11. 다른 사람의 문제를 대신 해결해 주기 위해 나설 때가 많은가?

A 나에게는 해당하지 않는다.

B 거의 대부분 다른 사람의 문제를 함께 짊어진다. 물론 내가 제시한 방법이 거절당할 때도 있지만 내 일처럼 걱정하며 동분서주한다. 그러나 유감스럽게도 내가 힘들 때는 주위 사람들로부터 아무런 도움을 받지 못할 때가 종종 있다.

C 나는 다른 사람의 문제를 내 일처럼 걱정하지만, 상대가 요구할 때만 내 생각을 말해 준다.

D 나는 누구나 자기만의 방식으로 문제를 해결하고 발전해 나간

다고 생각한다. 누군가 조언을 구하면 내 관점에서 그 사람을 도울 수 있는 방법을 이야기하겠지만, 내가 말을 하는 것보다 상대의 말을 들어 주고 질문하는 것만으로 충분할 때가 많다.

12. 몸이 소화할 수 있는 한계를 넘어서 먹거나 마시는 일이 자주 있는가?

A 나에게는 해당하지 않는다.

B 눈앞에 있는 음식이 모두 사라질 때까지 먹는 것을 멈추지 못할 때가 종종 있다. 또 술에 취했다는 걸 알면서도 분위기에 휩쓸려 과음을 하는 경우도 많다.

C 피곤하거나 스트레스가 심할 때 그런 경우는 있지만, 다음 날이면 다이어트를 하거나 금주를 하면서 원래 상태를 회복하려고 애쓴다.

D 거의 없다. 나는 심각하게 취하는 것을 경계하고 적절한 식단 조절로 늘 평균 체중을 유지한다.

13. 늦게까지 텔레비전을 보거나 스마트폰을 사용하는 습관 때문에 일상생활에 지장을 주는 경우가 많은가?

A 나에게는 해당하지 않는다.

B 자주 그런 일이 발생한다. 심지어 스마트폰 게임을 하느라 밤을 새운 적도 있다. 매일 아침 반성하지만 게임 애플리케이션을 지우지 못한다.

C 가끔 있다. 중독된 게 아니라 마땅히 시간을 보낼 방법을 찾지 못했기 때문이다. 스마트폰을 하지 않으면 할 일이 없고, 텔레비전이 꺼진 거실은 견딜 수 없이 적막하다.

D 디지털 기기나 텔레비전이 정신 건강에 그다지 좋지 않다고 생각한다. 가능하면 주말에도 야외 활동을 하기 위해 애쓰고 좋은 프로그램을 할 때만 텔레비전을 보려고 노력한다.

▶ **해설 : A, B, C, D 가운데 무엇이 가장 많은가?**

A 충분히 단호한 사람이다. 다른 사람과의 관계에서 손해를 보거나 자신의 영역이 침범당할 염려는 거의 없다고 볼 수 있다. 다만 거의 모든 질문에 A라고 대답했다면 오히려 너무 냉정하게 사람들을 대하고 있지는 않은지 생각해 볼 필요가 있다.

B 아마도 당신은 '지금과 같은 태도로 계속 지낼 수는 없어'라고 생각하고 있을 것이다. 자신이 받아들일 수 있는 한계가 어디인지도 제대로 알지 못할뿐더러 단호하게 거절도 하지 못한다. 그래서 늘 손해만 보고 있다고 한탄하며 자괴감에 빠질 때가 많다. 하지만 그 사실을 인지했다는 것만으로도 변화는 시작된 것이다. 성격은 어느 날 갑자기 바뀌지 않는다. '내일부터 단호하게 내 의견을 주장할 거야'라고 다짐한다고 해서 실천할 수

있는 것도 아니다. 한 걸음씩 천천히 다른 사람의 시선과 평가로부터 자유로워질 수 있도록 노력하자. 자기 자신을 희생시키지 않는 한계 설정이 필요하다.

C 이미 수많은 시행착오 끝에 자신의 한계 지점이 어디인지 깨달았을 것이다. 그리고 단호하게 말하지 못하는 이유가 무엇인지도 분명히 알고 있을 것이다. 이제부터는 갈등을 최소화하면서 자신이 원하는 대로 삶의 방식을 바꿔가는 용기를 갖길 바란다. 사람은 누구나 자기 자신을 가장 먼저 돌볼 권리가 있다.

D 다른 사람의 마음을 상하게 하지 않고 거절하는 법, 다른 사람에게 휘둘리지 않고 일하는 법 등을 자기만의 방식으로 실천하고 있을 것이다. B, C를 주로 선택한 사람들과 마찬가지로 다른 사람의 시선이나 기분이 신경 쓰이지만, 자신의 감정을 억누르고 희생해서는 안 된다는 생각이 밑바탕에 굳건하게 자리잡고 있기 때문에 남에게 휘둘리는 일은 거의 없다. 단호함 때문에 미움받을지 모른다는 걱정은 하지 않길 바란다. 자기 자신을 지키려는 의지를 깨뜨리는 사람들과는 차라리 가까워지지 않는 것이 낫다. 그러니 지금까지처럼 자신의 마음을 중심으로 한계를 지키면서 인간관계를 이어 나가길 바란다.

목차

Chapter 3

나는 단호해지기로 결심했다

Chapter 4

누구도 내 인생을 마음대로 휘두르게 내버려 두지 마라

Chapter 1

싫다고
말해도

사랑받을 수
있을까?

돈독한 관계를 방해하는 것은
이기적이고 까다로운 성격이 아니라
싫어도 좋은 척 솔직한 감정을 감추는 것이다.

내가 싫다고 하든 좋다고 하든
변함없이 관계를 유지할 수 있어야
비로소 친구가 될 수 있다.

나보다 남을 더 신경 쓰느라
손해 보고 상처받은 사람들에게

"모두의 친구는 그 누구의 친구도 아니다."

- 아리스토텔레스, 고대 그리스 철학자

살다 보면 인간관계가 인생을 통틀어 가장 어려운 숙제 같은 생각이 들 때가 있다. 사랑은 변하고 신뢰는 깨지기 쉬우며 배려와 친절은 보상받지 못한다. 사람들은 모두 제각각 자신의 이익을 위해 살아가고 세상은 내 뜻대로 돌아가지 않는 법이니까. 그래서 심리 전문가들은 상처받지 않고 건강한 인간관계를 맺고 싶다면 남을 이해하려고 하는 것보다 먼저 내가 원하는 것을 제대로 알고 표현해야 한다고 말한다. 무작정 착한 사람보다는 이기적인 사람이, 들어 주는 사람보다는 본심을 당당하게 표현하는 사람이, 배려하는 사람보다는 거절을 잘하는 사람이 오히려 더 돈독한 관계를 맺을 수 있다는 것이다.

25년 가까이 인간의 마음을 연구하고 심리 치료를 해 오면서 내가 깨달은 것도 이와 비슷하다. 상담실에 찾아온 사람들을 만날 때마다, 이렇게 책임감 강하고 주위 사람들을 배려하고 더 친절해지기 위해 애쓰는 사람들이 왜 인간관계에서 어려움을 겪는 걸까 의아할 때가 많다. 그들은 어떻게 하면 상대의 감정을 상하게 하지 않고 자기 의견을 말할 수 있을지 고민하고, 거의 대부분 다른 사람의 부탁을 거절하지 못하며, 아무리 졸려도 상대가 할 말을 다 끝낼 때까지 전화를 끊지 못한다.

그런데 이토록 남을 배려하는 착한 사람들이 상처받고 힘들어하는 이유는 뭘까. 답은 간단하다. 그들이 끝없이 챙기는 사람이 자기 자신이 아니라 다른 누군가이기 때문이다. 싫은데 좋다고 말하고, 피곤하지만 볼을 꼬집어 가며 잠을 쫓는 것은 나를 기쁘게 하는 일이 아니다. 자신의 감정을 억압하고 희생시키는 행동이다. 우선순위로 생각하는 사람이 내가 아닌데 어떻게 행복한 인생을 만들 수 있겠는가. 프랑스 수필가 도미니크 로로의 말처럼, 진심으로 자기 삶을 건강하게 지켜 내고 싶다면 "너무 착하게 굴려고 하거나, 너무 정직하려고 애쓰지 말고, 다른 사람들에게 맞추느라 진을 빼서도 안 된다"는 단호한 선 긋기가 필요하다.

/// 기대를 저버려라 ///

물론 단호한 선 긋기가 말처럼 쉬운 일은 아니다. 어떤 관계를 맺었느냐에 따라, 처한 상황에 따라 우리는 도저히 단호해지려야 단호해질 수 없을 때가 많다. 상사가 오늘 저녁에 시간 있느냐고 물었을 때 단칼에 "오늘은 안 됩니다"라고 말할 수 있는 사람이 얼마나 되겠는가. 눈 밖에 나면 어쩌지? 그래서 불이익을 당하면? 하는 걱정 때문에 선뜻 대답을 하지 못한다. 누군가 나에게 도와 달라고 할 때도 마찬가지다. 상대가 상처받을까 봐, 또는 나쁜 인상을 줄까 봐 쉽게 거절하지 못한다. 특히 가까운 관계일 때는 자기 일을 미루고서라도 들어줘야 할 것 같은 의무감에 휩싸인다. 그러나 내키지 않는 마음으로 어쩔 수 없이 다른 사람의 요구를 들어주면, 내가 베푼 친절에 이자를 바라게 된다. 그러면 결국 관계도 망치고 자기 자신도 상처를 입고 마는 것이다.

나의 동료 중에 TV 예능 프로그램에 자문 위원으로 출연하여 일약 스타가 된 심리 치료사가 있었다. 재치 있는 말솜씨와 훈훈한 외모까지 겸비해 몇 달 사이에 팬카페까지 생겼다. 처음 몇 달 동안 그는 사람들의 관심과 애정을 진심으로 고마워하고 기뻐하는 것 같았다. 10년 동안 어렵게 상담실을 운영해 왔는데 순식간에 전국적으로 인지도를 높이고 상담실도 유명해졌기 때문이다. 그는 전보다 훨씬 자신감 있고 당당해 보였다. 그러나 그로부터 몇 달 뒤 다시 그를 만났을 때는 전혀 행복해 보이지 않았다. 오히려 피로와 스트레스 때문에 전보다 더 의기소침해 있었다.

그는 밀려들어 오는 상담 요청이 더 이상 반갑지 않다고 했다. 매스컴에서 만들어 준 친절한 이미지를 지키려고 하다 보니 자기 자신에게 가장 불친절한 사람이 되고 말았다는 것이다. 아침부터 늦은 밤까지 식사도 걸러 가며 일해도 대기 시간이 길어지거나 원하는 날짜에 예약을 하지 못하는 사람이 생기면, 유명해지더니 불성실해졌다는 비난을 들어야 했다. 또 '친절한 상담사'가 되어야 한다는 강박 관념 때문에 슈퍼마켓에서 장을 볼 때나 아침 운동을 할 때조차 고민을 털어놓으며 다가오는 사람들을 뿌리치지 못했다. 그는 여전히 마음의 상처가 있는 사람들을 돕고 싶어 했지만, 상담실에 찾아오는 사람들과 진심으로 교감하는 일은 점점 줄어들었다. 그리고 집에서는 가족들과 대화 한마디 없이 지내는 날이 많아졌다. 그가 할 일은 하나였다. 할 수 없는 일을 확실하게 거절하는 것. 그래야 자기 자신에게 몰두하고 진짜 소중한 사람들에게 상처를 주지 않을 수 있었다. 그는 방송을 그만두었고, 상담 시간을 줄였다. 개인적인 시간에 누군가 불쑥 끼어들 때는 상담 시간이 적힌 명함을 건네주고 자리를 떠났다. '냉정하다, 불친절하다'라고 불평하는 사람들도 있었지만, 그제야 비로소 평화를 찾을 수 있었다.

누군가 나에게 무언가를 기대하고 있다는 걸 알면서도 그 기대를 저버리는 건 엄청난 용기가 필요한 일이다. 심리 전문가도, 인간관계 전문가도, 커뮤니케이션 전문가도 무 자르듯 쉽게 다른 사람의 기대를 잘라 내지 못한다. 기대를 저버린다는 건, '그것 때문에 당신이 나에게 실망하고 나를 싫어한다고 해도 어쩔 수 없다. 다 받아들이겠다'라고 말하는 것과 같기 때문이다. 하지만 이 말을 하지 못해 하기 싫은 일을 억지로 하면 다른 사람을 실망시키는 것과는 비교도 할 수 없을 정도의 큰 상처를 스스로에게 입히게 된다. 늘 이용만 당하는 것 같은 자괴감과 억울함, 내가 희생한 만큼 희생하지 않는 상대에 대한 원망과 미움, 왠지 모를 슬픔과 삶에 대한 회의에 빠지는 것이다.

사랑도 표현해야 알 수 있는 것처럼 부정적인 마음도 표현하지 않으면 아무도 알지 못한다. 사람들은 할 수 없다고 말하지 않으면 할 수 있다고 생각하고, 싫다고 말하지 않으면 좋아한다고 생각해 버린다. 결국 내가 솔직하게 말하지 않기 때문에 스스로를 상처 입히고 상대도 나쁜 사람으로 만들어 버리는 것이다. 만약 내가 괴로워하는 걸 알면서도 모른 척하며 계속 과도한 요구를 하는 사람이라면 더더욱 빨리 그 기대를 저버려야 한다. 의도적으로 상처를 주는 사람은 갈등을 피하려는 우리의 마음을 이용해 희생을 강요한다. 그런 사람들과 거리를 두지 않으면 내 인생은 다른 사람에게 저당 잡힌 채 이리저리 끌려다닐 수밖에 없다.

/// '아니오'라고 말할 수 없는 관계는 오래 가지 못한다 ///

사람들이 단호해지지 못하는 이유는 그것으로 인해 관계가 멀어질까 봐 두렵기 때문이다. 그래서 가까워지고 싶은 사람의 부탁은 무리를 해서라도 들어주려고 한다. 그러나 심리학자 미하엘 토모프의 말처럼 "부탁하는 사람보다 부탁을 거절하는 내가 더 이기적이라고 말할 수는 없다." 단호하게 자기 감정을 표현하는 것을 이기적이거나 관계를 단절시키는 행동이라고 생각해서는 안 된다.

인간관계는 아무도 만나지 않거나 모두와 잘 지내거나, 내 이익만을 위해 살거나 다른 사람을 위해 희생하거나 하는 식으로, 극과 극으로만 존재하지 않는다. 나도 이 일을 시작하기 전에는 그렇게 생각했다. 모든 것을 개방하고 받아들이든가 완전히 폐쇄하든가 두 가지 선택 말고는 할 수 있는 것이 없다고 느꼈다. 그래서 본심을 억누르며 상처받을 상황을 자초했고 상처를 받으면 마음의 문을 굳게 닫아 버렸다. 그러나 지금은 나만을 위하며 사는 삶과 다른 사람의 기대에 부응하며 희생하는 삶 사이에 수없이 다양한 형태의 관계가 존재한다는 것을 안다. 인간관계란 하늘에 별만큼 많고 다양한 사람들이 서로 가까워지기도 하고 멀어지기도 하며 끊임없이 밀고 당기기를 하는 것이니까 말이다.

서로 존중하고 진심으로 소통하는 관계는 각자의 감정을 상하게 하지 않는 선이 어디까지인지 섬세하게 조율할 수 있을 때 만들어진다. 그러니 함부로 양보하고 손해를 감수하지 마라. 돈독한 관계를 방해하는 것은 이기적이고 까다로운 성격이 아니라, 싫어도 좋은 척 솔직한 감정을 감추는 것이다. 내가 싫다고 하든 좋다고 하든 변함없이 관계를 유지할 수 있어야 비로소 좋은 관계가 완성된다.

싫다고 말해도
사랑받을 수 있을까?

"인생의 멋진 역설이자 놀라운 기쁨은
우리가 우리 자신을 진정으로 돌볼 때 세상이 더 행복해지고
세상이 더 행복해질 때 우리도 더 행복해진다는 것이다."

– 지두 크리슈나무르티, 인도 철학자

한 연구에 의하면, 사람들이 일생 동안 가장 많이 생각하는 것은 '나'라고 한다. 자아를 인식하기 시작하는 순간부터 죽기 직전까지, 아침에 눈을 뜨는 순간부터 잠들기 전까지 사람들은 자기 자신에 대해 걱정하고 고민하며 살아간다. 또 언어, 종교, 문화를 막론하고 사람들이 가장 많이 언급하는 단어는 '나는'이며, '내가' 무시당하는 기분이 들 때 가장 격렬하게 화를 낸다.

그러나 우리는 대부분 '내가' 원하는 것이 무엇인지, '나의'

감정이 어떠한지 제대로 알지 못하고 살아간다. 그보다는 다른 사람이 나를 어떻게 생각하는지를 먼저 헤아려야 할 것 같은 압박감을 느끼기 때문이다. 그래서 사람들과 함께 있을 때 자신의 주관대로 단호하게 행동하지 못하고, 관계를 맺는 일을 어렵게만 느끼는 것이다. 그러면 새로운 사람을 만날 때마다 마음은 불편하고 행동은 부자연스러워질 수밖에 없다. 결국 사람과 사람 사이에서 발생하는 모든 문제는 나를 우선시하고자 하는 본능적 욕구와 이를 자제시키려는 사회적 요구 사이에서 일어나는 내면의 갈등이 그 시작점인 셈이다.

갓 태어난 아이는 부모로부터 무조건적인 사랑을 받는다. 배고프다는 신호를 보내면 밥이 제공되고 엉덩이 쪽이 불편하다는 신호를 보내면 금세 깨끗한 옷을 입을 수 있다. 굳이 나를 최우선으로 생각해 달라고 조르지 않아도 세상이 자신을 중심으로 돌아간다. 그러다 형제가 생기고 또래 집단에 소속되면서 아이는 비로소 세상이 자기중심으로 돌아가지 않는다는 사실을 깨닫게 된다. 이때 부모와 굳건한 애착 관계를 형성한 아이는 실망과 좌절감에 빠지지 않고 자기 역할을 찾아 나선다. 그러나 부모가 바빠서 충분한 관심과 사랑을 받지 못했거나, 너무 엄격한 가정 교육 때문에 과도한 책임감과 의무를 짊어져야 했던 아이는 좌절감을 이기지 못하고 버림받은 것 같은 감정을 느끼며 슬픔에 빠진다. 그리고 오직 다른 사람의 인정과 칭찬을 받는 일에만 신경을 집중하게 된다. 똑같이 '나'를 우선시하고자 하는 욕구를 느끼지만, 충분히 사랑받은 아이가 자신을 우선으로 생각하며 행복해지는 길을 고민하는 동안 애착 관계가 불안정했던 아이는 다른 사람이 나에게 무엇을 요구하고 있는지에 집착하는 것이다. 그러나 '내가' 아닌 '다른 사람'의 기대에 부응하려고 하는 것은 깨진 항아리에 계속 물을 붓는 것과 다름없다. 인정받을수록 기대치는 높아지고, 착하게 보이려고 할수록 인간관계는 힘들어지며, 칭찬에 매달릴수록 내면의 결핍감은 점점 깊어지기 때문이다.

/// 감정을 억압할 때 우리가 감당해야 하는 것들 ///

내과 전문의 게이버 메이트는 자신의 책 『몸이 아니라고 말할 때』에서 솔직한 감정을 억압할 때 몸이 어떻게 고통을 대신 표현하는지를 냉정하게 경고한다. 그의 말에 따르면 "자기 욕구를 생각하기 전에 다른 사람들의 욕구부터 충족시키려는 성향은 만성 질환 환자들의 공통적인 패턴"이라고 한다. 자신의 솔직한 감정을 외면하면서까지 다른 사람의 요구에 맞추려고 노력하면, 면역 세포가 자아와 비非자아를 구별하지 못해 스스로의 몸을 공격하는 일이 발생할 수 있다는 것이다. 메이트의 조사에 의하면 놀랍게도 루게릭병 환자들이 그랬다.

십수 년간 루게릭병 환자들을 치료해 온 신경학자들은 그들에게 특이한 공통점이 있다는 사실을 발견했다. 바로 대부분의 환자들이 '가장 좋은 성격' 그룹에 모여 있다는 것이었다. 그들은 남에게 도움을 요청하거나 도움받는 일을 세상에서 가장 어려워했고, 슬픔이나 우울함 같은 부정적인 감정들을 상습적으로 배척해 버렸다. 그리고 오직 '스스로의 힘으로 꾸준히 열심히 일하는 자세'를 유지하기 위해 최선을 다했다. 몸이 아플 때에도 다른 사람의 도움에 의존하지 않고 자기 역할을 해내려고 애썼고 어떤 순간에도 흐트러진 모습을 보이지 않았다.

이런 성격적 특성은 유방암이나 전립선암, 백혈병, 림프종, 폐암 등의 질병에서도 비슷하게 나타났는데, 그들 역시 '감정을 극기하고 억압하는 경향'이 있었다. 물론 이런 성격 때문에 암에 걸렸다고 단정할 수는 없다. 자기 감정을 제대로 표현하지 못하고 참는 일에 익숙한 내성적인 사람들이 모두 암에 걸리는 것은 아니기 때문이다. 그러나 그런 성향 때문에 내가 원하는 삶과 점점 거리가 멀어진다면 스트레스가 심해져 면역력이 약해지는 것은 분명하다. 참고, 양보하고, 감정을 억누르고, 다른 사람에게 친절한 것이 병을 일으키는 직접적인 원인은 아니라고 해도, 억지로 그런 행동들을 해야 할 때 발생하는 스트레스가 병을 악화시킬 수 있기 때문이다.

그러므로 어떤 해소법을 써도 마음의 괴로움을 떨칠 수 없다면 그때는 전문가의 도움을 받아서라도 삶의 방식을 바꿔야 한다. 실제로 종양이 발견된 환자 가운데 자신을 지지해 주는 사람들과 함께 생활하거나, 진실한 사회적 관계를 맺고 있다고 느끼는 사람들은 그렇지 않은 사람들에 비해 종양이 퍼지는 속도가 훨씬 느렸다.

그러니 마음이 하고 싶어 하는 말을 몸이 대신 할 때까지 방치하지 마라. 몸이 이런 신호를 보내올 때까지 기다리면 오히려 너무 늦은 건지도 모른다. 스스로를 돌보지 않고 성실한 일꾼, 친절한 동료, 착한 아이, 헌신적인 부모가 되는 데만 매달리면 우리의 몸은 자기 기능을 하지 않는 것으로 본심을 전달하려 할지 모른다.

/// '그 사람'이 원하지 않는 일을 하는 것을 두려워하지 마라 ///

매년 여름마다 일주일 동안 진행되는 마음 치료 워크숍에서 늘 첫 번째로 배정되는 강의가 있다. 바로 감정 표현하기 수업이다. 부당함을 참고 견디는 데 익숙해진 사람들은 자기 감정 상태가 어떤지 감지하는 능력이 무뎌져, 시간이 지날수록 점점 강도가 센 고통에만 반응을 보인다. 전문가 입장에서 보면 그런 사람들은 다이너마이트를 속주머니에 품고 사는 것과 다를 바 없다. 모든 불만들을 마음속에 꽁꽁 쌓아 두고 있기 때문에 언제 어디에서 분노가 터질지 알 수 없기 때문이다.

가장 나쁜 것은 정작 마음을 상하게 만든 사람들 앞에서는 초인적인 힘을 발휘하여 화를 참다가, 엉뚱한 곳에서 엉뚱한 사람에게 화풀이를 할 가능성이 상당히 높다는 사실이다. 최근 유럽에서 문제가 되고 있는 고속도로 분노 운전자들을 생각해 보면 이해가 빠를 것이다. 경찰 단속에 걸린 사람 가운데 절반 이상이 직장에서는 '화라고는 낼 줄 모르는 온순한 사람'이라는 평판을 받고 있었다.

그러므로 참고 견디는 게 습관이 된 사람들일수록 감정을 표현하는 연습이 필요하다. '화가 났다, 슬펐다, 억울했다'라고 말하는 것으로 끝내지 말고, 언제, 누구와 함께 있을 때, 어떤 상황 때문에, 얼마만큼 마음이 상했는지 구체적으로 말할 수 있어야 한다. 그렇게 내 감정을 정확하게 알아야 똑같은 상황에 처했을 때 부당한 요구들을 단호하게 거부할 수 있다.

사람들은 '내 인생은 소중하다'라고 말하면서도 자기 생각과 감정이 방치되는 것은 내버려 두는 경우가 많다. 다른 사람에게 인정받을 때 왠지 내가 더 괜찮은 사람이 된 것 같은 기분이 들기 때문이다. 그리고 그렇게 해야 사랑과 관심을 받을 수 있다고 착각하는 경우가 많다. 그러나 있는 그대로의 모습이 아니라 상대가 좋아할 것 같은 모습만 보여서 만든 좋은 관계는 인정받을수록, 가까워질수록 마음의 상처 또한 커지는 악순환에 빠지게 한다.

마릴린 먼로가 주연한 뮤지컬 영화 〈신사는 금발을 좋아한다〉는 금발의 아름다운 쇼걸 로렐라이의 결혼 이야기다. 로렐라이는 영화 내내 "나는 돈 많은 남자가 좋아요"라고 노래를 부른다. 결국 그녀는 돈 많은 남자를 만나지만 남자의 아버지는 돈만 밝히는 로렐라이를 탐탁지 않게 여긴다. 보통의 영화라면 속물적인 로렐라이가 남자에 대한 진정한 사랑을 깨닫고 돈보다 사랑을 선택하는 것으로 끝을 맺었을 것이다. 그러나 이 영화는 달랐다. 로렐라이는 마지막까지 "나는 돈 많은 남자가 좋아요"라고 말하며, 당당하게 장래의 시아버지를 설득한다. "돈 많은 남자는 예쁜 여자와 비슷한 거예요. 예뻐서 결혼하는 건 아니지만 결정에 큰 도움이 되죠. 왜 저는 그런 걸 원하면 안 되죠?"

다른 사람의 마음에 들기 위해 자신의 생각과 감정을 묵살하지 마라. 신념을 굽히고 목적한 것을 이루는 것보다, 실패하더라도 자신의 신념을 지켰을 때 삶에 대한 만족감과 행복감은 훨씬 커진다. 다른 사람의 생각과 다르면 다를수록 더 분명하게 자기 생각을 말하라. 그래야 후회 없는 인생을 살 수가 있다.

아름다웠던 열일곱 살 니콜이
외톨이가 된 이유

" 우리는 가지고 있는 15가지 행동으로 칭찬받으려 하기보다,
가지지도 않은 한 가지 재능으로 돋보이려 안달한다."

- 마크 트웨인, 미국 소설가

열일곱 살 니콜은 웃는 모습이 귀여운 사랑스러운 아가씨다. 누구나 니콜을 보면 좋은 에너지를 몰고 다니는 아름다운 아이라고 생각한다. 하지만 정작 니콜은 그렇게 생각하지 않았다. 자신의 외모에 만족하는 척, 예뻐지는 데 관심 없는 척 했지만, 매일 거울을 보며 더 키가 크지 않고, 더 마르지 않고, 더 예쁘지 않은 것을 한탄했다. 니콜의 엄마는 사춘기 여자아이들이 흔히 그렇듯 외모에 대한 관심이 많을 때라 그렇겠거니 생각하고 큰 걱정은 하지 않았다. 그런데 신학기가 시작되고 얼마 지나지 않아 학교에서 가장 인기 있는 남자아이와 데이트를 시작하면서 니콜의 자격지심은 점점 심각해졌다. '그렇게 예쁘지도 않은 애가 어떻게 제크의 여자친구일 수가 있어?'라는 다른 여학생들의 시샘과 질투에 이리저리 휘둘렸고, 사람들 앞에 나서는 일을 두려워했다. 남자친구와 함께할 때는 행복한 듯 보였지만, 그와 함께 있지 않을 때는 마치 당장이라도 버림받을 것처럼 불안해했다.

아르바이트를 해서 번 돈과 부모님께 받은 용돈을 모아 코 수술을 했지만 만족스럽기는커녕 눈, 가슴, 허리와 엉덩이까지 더 못나 보였다. 니콜은 더 이상 있는 그대로의 자기 모습을 받아들이지 못했고, 남자친구와 헤어진 후에도 끊임없이 남과 비교하며 스스로를 비하했다.

니콜의 엄마는 자신이 아이를 잘못 키운 것은 아닌지 자책하며 딸의 생각을 바꾸기 위해 온갖 노력을 다했다. 그러다 고민 끝에 니콜과 함께 상담을 받았는데, 놀랍게도 그녀 자신이 딸보다 더 삶에 만족하지 못하고 있다는 사실이 밝혀졌다. 그녀는 여자로서, 아내로서, 엄마로서, 또 전문직에 종사하는 직장인으로서 언제나 완벽해야 한다는 생각에 사로잡혀 있었다. 심지어 객관적인 근거가 전혀 없음에도 불구하고 모든 역할에서 제 몫을 못하고 있다고 생각했다. 그리고 더 잘해 내기 위해 쓰러질 때까지 스스로를 몰아붙였다. 니콜이 자기 매력을 보지 못했던 것처럼, 니콜의 엄마도 자신이 이미 많은 것을 이뤄 냈다는 사실을 알지 못했다.

/// 노력하면 다 할 수 있다는 거짓말로 스스로를 괴롭히지 마라 ///

니콜이나 그녀의 엄마처럼 자기 자신을 습관적으로 비하하는 사람들은 못난 점만 부각시키는 오목 거울을 목에 걸고 다니는 것과 같다. 다른 사람의 말에만 귀를 기울이고 자기 결점에만 정신이 팔려, 지금의 자신을 소중히 여기고 돌볼 생각은 하지 못한다.

물론 자기에게만 집중해서 산다는 게 어려운 세상이기는 하다. 학교에서는 '큰 틀에서 생각하라Think big!'는 메시지를 걸어 놓고 학생들에게 스스로의 한계를 뛰어넘어야 한다고 가르친다. 또 광고와 뉴스에서는 한계를 뛰어넘는 것이 '성장'이라고 정의한다. 그야말로 온 세상이 의지만 있으면 무엇이든 이룰 수 있다는 메시지를 주입시키고 있는 것이다. 경제적 지원이나, 타고난 재능, 육체적·사회적 조건 등이 목표 달성에 영향을 주는 필수 요소임이 분명한데도 세상은 실패와 성공의 모든 원인을 개인의 열정과 노력 탓으로 떠넘긴다. 그리고 실패한 사람들에게는 '지금 여기에서 목표를 이루지 못한다면 다른 곳에서도 마찬가지일 것이다'라고 자극하며 열정을 공회전시킨다. 그렇게 끊임없이 노력하는 사람들이 있어야 이 거대한 사회가 굴러가고 유지될 수 있기 때문이다.

그런 노력은 어느 정도 효과가 있었다. 지난 100년 동안 세계는 과학기술의 변화를 따라가는 것만으로도 숨이 찰 정도로 엄청난 발전을 이루었다. 불과 20년 전만 해도 상상할 수 없던 기술이 실현되고 삶은 어마어마하게 편리해졌다. 그러나 한편으로는 그런 급속한 발달로 인해 엄청난 가치관의 혼란도 발생했다. 전 세계 거의 대부분의 사람들이 상시적으로 스트레스를 받고 있고, 그중 15퍼센트는 심각한 강박증을 호소하고 있다. 빠른 변화에 대응하지 못하고 혼자만 뒤처질지 모른다는 불안 때문이다. 그래서 사람들은 더 올라갈 곳이 없어 보이는데도 성공하기 위해 안간힘을 쓰고 매일 밥을 먹듯 자기계발을 하며 안정감을 얻으려고 한다. 그러나 세상이 이렇게 빠르고 복잡해질수록 우리에게 필요한 것은 한계를 뛰어넘으려는 악착같은 노력이 아니라 내가 할 수 있는 일이 어디까지인지 능력의 한계를 정확히 아는 것이다.

/// 한계를 아는 사람은 무리하지 않는다 ///

인간은 뇌가 가진 잠재력의 단 10퍼센트만을 사용하며 살아간다고 한다. 그래서인지 자기 한계를 명확하게 알아야 한다고 말하는 사람보다, 함부로 능력의 한계를 결정짓지 말라고 조언하는 사람을 우리는 더 많이 만난다. 그러나 여기에서 내가 말하고자 하는 한계 설정은 잠재력과는 전혀 상관이 없다. 또한 힘들지 않을 만큼만 적당히 노력하고 무난하게 살라는 말도 아니다.

자기 능력의 한계를 가늠한다는 것은 내가 최선을 다해서 도달할 수 있는 마지막 지점이 어디인지를 알아보는 일이다. 더 이상 밀어붙였다가는 몸에 탈이 날 것 같다고 느끼기 직전, 투지와 희열은 사라지고 '내가 이렇게까지 힘들게 살아서 뭐하나' 하는 자괴감이 들기 직전 같은 순간 말이다. 그 지점이 어디인지를 알아야 지쳐 나가떨어지기 전에 몸과 마음을 추스르고, 더 발전하기 위해 어떤 힘을 키워야 하는지 준비할 수 있는 것이다.

자신의 약점과 한계가 어디인지 알고 바로 그 앞에서 멈출 수 있는 결단력과 단호함이 있는 사람은 무리하게 스스로를 혹사시키지 않는다. 그들은 한계를 부끄러워하는 게 아니라

분석할 가치가 있는 새로운 영역이라고 생각한다. 그래서 함부로 스스로를 다그치지도, 포기하지도 않는다. 나의 한계를 극복할 힘과 용기를 얻을 때까지 기다릴 줄 안다.

심리 치료를 할 때 '에너지 흡혈귀'들을 조심하라는 말을 종종 한다. 에너지 흡혈귀란 상대의 착한 마음을 이용해 자신의 이익을 챙기려는 사람들이나 육체적, 정신적, 심리적인 방법으로 상대의 기를 빼앗고 분노하게 만드는 존재들을 일컫는 말이다.

그런데 때로는 주위에 있는 나쁜 사람이 아니라 내가 흡혈귀가 되어 나의 기운을 빠지게 만들 때가 있다. 바로 끊임없이 다른 사람과 자신을 비교하며 비하할 때다.

그러나 '완벽한 나'는 어디에도 존재하지 않는다. 스스로 가치가 있다고 믿는 사람들은 완벽해서가 아니라 자신의 취약함을 온전히 받아들이기 때문에 자신감 있게 살 수 있는 것이다. 그들은 오히려 불완전함이 자신을 아름답게 만들어 준다고 믿는다. 그래서 실패가 확정된 순간에도 걱정 대신 감사한 일들을 되새기며, '진실한 태도만 있다면 괜찮아, 다음에 다시 잘하면 돼'라고 스스로에게 용기를 준다.

그러니 자기 한계를 인식하고 중간에 멈추는 것을 부끄러워하지 마라. 당신의 능력이 거기까지밖에 안 된다는 것이 아니라 잠시 숨을 돌리고 에너지를 충전해야 할 타이밍이라는 뜻이니까 말이다.

가족 사이에도
최소한의 거리는 필요하다

"싫어요!"라고 말할 수 없다면,
결코 진심으로 "좋아요!"라고도 말할 수 없다.
단지 휩쓸려 갈 뿐이다.

- 켈리 브라이슨, 『인간관계의 심리학』

동물행동학자들에 따르면 모든 동물에게는 다른 동물과 공유하지 않는 자기만의 영역이 있다고 한다. 새끼를 키우고 잠을 청할 수 있는 곳이자, 적대적 관계의 다른 동물이 침입했을 때 방어할 수 있을 만큼의 충분한 거리가 확보된 공간이다. 사람도 이와 비슷하다. 다른 사람이 침범할 수 없는 자기만의 영역이 생존을 위해 반드시 필요하다. 이런 영역은 우리 삶을 안전하게 뒷받침해 주고 다른 사람의 영향력에서 벗어나 자율적으로 활동할 수 있는 울타리가 되어 준다.

크든 작든 자기 영역을 가지고 있는 사람은 다른 사람의 시선과 평가에서 벗어나 자신의 가치관에 따라 삶을 꾸려 나갈 줄 안다. 반대로 자기 영역이 없거나 자주 침범 당하는 사람은 늘 불안을 느끼고 타인에게 휘둘린다. 그러므로 단호해지기 위해서는 자신의 고유한 영역을 확보하고 지킬 줄 알아야 한다. 국경이 불분명한 국가들 사이에는 끊임없이 다툼이 생기듯이, 자기 영역이 어디인지 분명하게 경계를 긋지 않으면 인간관계도 불안정할 수밖에 없다.

/// 원치 않는 호의는 거절해도 된다 ///

마리아는 얼마 전 시어머니 때문에 크게 화가 났다. 시어머니가 마리아를 도와주고 싶다는 이유로 상의도 없이 집에 방문하는 게 화근이었다. 처음 결혼한 지 얼마 되지 않았을 때는 직장 일로 바쁜 아들 내외를 도와주시려는 마음을 감사하게 생각했다. 하지만 시간이 지날수록 시어머니의 방문이 반갑지 않고 점차 불편해졌다. 그런데 얼마 전 출장 때문에 일주일 동안 집을 비운 사이 집 안 풍경이 확 달라져 있던 것이다. 거실에는 새로운 커튼이 걸렸고, 정원에는 히비스커스가 심어져 있었다. 그리고 냉장고에는 가득했던 레토르트 식품 대신 스테이크와 샐러드가 준비되어 있었다. 그 광경을 봤을 때 마리아는 '속이 뒤틀리는' 기분이었다. 나한테 먼저 물어봤어야 하는 거 아니야? 히비스커스가 아무리 예쁘게 피었어도, 맛있는 음식이 준비되어 있어도 하나도 고맙지 않았다.

더 화가 나는 것은 "당신이 피곤할까 봐 일부러 신경 써 주신 건데 왜 그걸 그렇게 꼬아서 받아들여?"라고 말하는 남편의 태도였다. 그의 논리에 따르면 시어머니의 호의를 불편하게 생각하는 마리아만 까다롭고 이상한 사람이 되는 셈이었다. 그러나 마리아는 자신의 방식대로 집과 살림을 꾸려 나갈 권리를 빼앗겼다는 생각을 지울 수 없었다. 그녀에게 이런 일방적인 도움은 간섭으로 느껴질 뿐이었다.

당신에게도 이런 경험이 있을 것이다. 상대방의 행동이 너무나 불편하고 마음에 들지 않는데도, 그것이 나를 배려하고자 하는 호의에서 비롯된 것임을 알기 때문에 제대로 화조차 내지 못한 경험 말이다.

이런 갈등이 일어나는 원인은 상대방이 경계를 넘어 나의 영역을 침범하는 데 있다. 설령 좋은 의도를 가지고 있다고 해도 경계를 함부로 넘으면 분노를 유발할 수 있다. 반대로 두 사람이 심각하게 말다툼을 한다 해도 의식적으로 서로의 영역을 존중하며 선을 넘지 않는다면 관계를 파괴할 만한 심각한 갈등은 일어나지 않는다.

마리아가 지키고 싶었던 '경계'는 가족이라고 해도 각자의 집에 방문할 때는 미리 일정을 알리고, 다른 사람의 도움을 받을 것인지 말 것인지 정도는 직접 결정할 수 있어야 하는 것이었다. 사랑이든, 배려든 그 선을 동의 없이 넘어온다면 마리아에게는 불쾌하고 분노가 일어나는 일로 받아들여졌다. 게다가 마리아의 남편처럼 '경계 침범'을 공감해 주지 못하고 단지 선의만을 강조하면, 마리아로서는 불편한 감정을 해소하지도 못하고 경계선을 지킬 기회마저 박탈당할 수 있다.

처음 만난 두 사람의 마음속에는 각기 다른 욕구와 생각, 기대가 잠자고 있다. 그러다 만남의 횟수가 잦아지고 함께 보내는 시간이 많아지면 더 다가가면 불편해질 것 같은 느낌이 드는 시점이 온다. 정확하게 이 지점이 상대방과 가장 가깝게 만날 수 있는 경계이다.

그런데 이 지점이 두 사람에게 똑같이 적용되는 것은 아니다. 나는 상대방과 업무적인 관계라고 생각하는데, 상대는 격의 없이 솔직한 마음을 나누고 싶어 할 수 있다. 그러면 나는 압박감을 느끼고 불편해지며 아예 접촉 자체를 피하게 될 수 있다. 선을 넘어가지 않고 나의 경계, 상대방의 경계 그리고 두 사람의 관계가 편안할 수 있는 우리의 경계를 찾을 수 있다면 좋겠지만 그 일이 언제나 성공적인 것은 아니다.

/// 경계가 분명하면 관계는 쉬워진다 ///

나와 더 가까워지고 싶은 상대에게 "나의 경계는 여기까지이니 이 선을 넘어오지 마시오"라고 단호하게 이야기하는 것은 쉽지 않은 일이다. 그러나 그렇다고 해서 자신의 한계를 알리는 노력을 포기한다면 두 사람 모두가 편안함을 느낄 수 있는 경계는 절대 찾을 수 없다.

경계를 침범당한 사람은 점점 접촉을 피하려 하고 상대방은 영문도 모른 채 자신의 마음이 거절당했다는 상처만 받게 된다. 마리아의 시어머니가 마리아의 숨겨진 분노와 불편함을 느끼지 못했을까? 애써 티를 내지 않으려 하지만 굳은 얼굴, 기대보다 못한 감사의 표현과 표정을 보면서 내 호의가 제대로 보답을 받지 못하고 있다는 불만과 서운함이 쌓여 가고 있었을 것이다. 이런 미묘한 감정들이 누적되면 결국 관계는 서서히 불편해진다.

마리아가 시어머니에게 자신의 경계를 설명하는 것은 많은 용기가 필요한 일이었다. '난 널 아껴서 그런 행동을 한 거야. 그런데 어쩌면 이런 식으로 이야기할 수 있니'라고 생각하실 것이 뻔했기 때문이었다. 시어머니 입장에서는 상대방을 괴롭히기 위해 의도적으로 선을 넘은 것이 아니었기 때문에 자신이 상대의 선을 넘었다는 생각보다는 호의가 거절당했다는 좌절감과 서운함이 먼저 드는 게 당연하다. 그러나 마리아는 지금의 상태가 계속된다면 시어머니와의 모든 접촉을 거부하고 미워하게 될 것이라는 생각이 들었다.

결국 마리아는 출장에서 돌아온 이튿날 용기를 내 자신의 생각을 이야기했다. 시어머니는 예상대로 굉장히 충격을 받은 눈치였다. 한동안 전화도 하지 않고 집에 찾아오지도 않았다. 마리아 부부가 시댁에 갔을 때도 어색하고 불편한 공기가 두 사람 사이를 갈라놓았다. 하지만 그 시간을 꿋꿋이 버텨 내자 조금씩 변화가 생기기 시작했다. 시어머니는 방문하기 전에 꼭 전화를 했고 집이 어수선해도 더 이상 마음대로 정리하지 않았다. 그 뒤로 마리아는 시어머니의 호의를 진심으로 고마워할 수 있게 되었고, 시어머니와의 관계도 전보다 훨씬 편해질 수 있었다.

/// 좋은 담장, 좋은 이웃 ///

가족이나 사랑하는 사람, 친구, 전 직장 동료 또는 현 직장 동료, 친구의 친구 등등 서로 어떤 관계를 맺고 있느냐에 따라 편안함을 느끼는 거리는 모두 다를 것이다. 스킨십이 애정 표현이 되는 관계가 있고 범죄가 되는 관계가 있는가 하면, 깍듯이 예의를 차리는 것이 편한 관계가 있고 오히려 섭섭한 관계가 있다. 그러므로 새로운 관계를 맺을 때마다 내가 허용하고 받아들일 수 있는 경계가 어디인지 가늠해 보고 섣부른 개입과 간섭을 최소화해야 한다.

로버트 프로스트의 시 「담장 수리」에 이런 구절이 있다. '좋은 담장은 좋은 이웃을 만든다Good fences make good neighbors' 아무리 가까운 이웃이라고 해도 마당의 경계를 구분할 수 있는 담장이 있어야 사소한 다툼이 일어나지 않고 좋은 관계를 지속할 수 있다는 말이다. 관계도 마찬가지다. 각자가 편안함을 느끼는 경계를 명확하게 알아야만 어느 한 사람도 상처받지 않고 최대한 친밀한 관계를 유지할 수 있다는 사실을 잊지 말기 바란다.

모두와 친구가 되려는 사람은 누구의 친구도 될 수 없다

"네 꿈은 반드시 네 꿈이어야 한다.
다른 사람의 꿈이 네 것이 될 수는 없어."

- 짐 스토벌, 『최고의 유산 상속받기』

'새 학기 증후군New semester blues'이라는 말이 있다. 신나게 방학을 보내고 학교에 가야 하는 아이들이 감기에 걸리거나 원인 모를 복통을 호소하는 현상이다. 새로운 환경에 적응하고 낯선 친구들과 다시 처음부터 관계를 맺어야 한다는 부담감과 두려움이 마음뿐만 아니라 몸에까지 영향을 주는 것이다. 그런데 이런 새 학기 증후군이 비단 초등학생들에게만 발생하는 증상은 아니다. 중·고등학생, 대학생은 물론 직장인들도 낯선 환경에 처음 발을 들여 놓을 때 긴장감 때문에 평소

와는 다른 몸 상태를 느끼곤 한다. 나를 싫어하면 어쩌나, 성과를 내지 못하면 어쩌나 하는 두려움 때문이다.

취업, 이직, 이사, 여행과 같은 눈에 띄는 변화가 없다고 해도 삶은 크고 작은 적응의 과정으로 가득 차 있다. 우리는 수시로 변화하면서 기회와 위기를 동시에 지닌 환경에 자신을 '맞춰야' 한다. 기술의 발전에 보조를 맞추면서 유행에 뒤처지지 않아야 하고, 끊임없이 자신의 능력을 계발하면서 경쟁 환경에서 살아남기 위해 변화해야 한다.

그중에서도 가장 섬세하고 복잡한 적응 과정이 아마 사람과 사람이 만나 관계를 맺는 일이 아닌가 싶다. 서로의 생각과 살아온 과정, 취향 등을 알아가면서 각자의 경계를 확인하고 최대한 조화롭게 지낼 수 있도록 맞춰 가는 일은 어떤 것보다 많은 시간과 노력이 필요하다. 여기에서 '맞춰 간다'는 말은 상대방에게 적응하는 것은 물론 상대방도 나에게 적응하도록 만든다는 것을 의미한다.

인간관계에서 적응의 핵심은 상대방과 조화를 이루는 동시에 자기 자신을 지키는 것이다. 그러기 위해서는 자신의 정체성을 유지하고 그동안 지켜온 가치를 배신하지 않아야 한다. 나의 모든 것을 다른 사람에게 맞춰 버리면 내가 원하지 않는 모습으로 상대방과 관계를 맺게 될 뿐만 아니라 진실한 관계를 맺기도 어려워진다.

/// 적응한다는 것이 나를 버린다는 뜻은 아니다 ///

처음 상담실에서 리타를 만났을 때 그녀는 어렵게 취직한 직장에 적응하느라 몸과 마음이 거의 탈진 상태였다. 리타는 '씩씩하고 적극적인 신입사원'이 되어야 한다는 압박감 때문에 내성적인 본래의 성향을 숨기고 가면을 썼다. 혼자 있는 것을 좋아하고 앞에 나서는 것을 싫어했지만, 매일 저녁 사람들과 몰려다니며 분위기를 주도했고 누구보다 활기차고 조직생활을 즐기는 사람처럼 행동했다. 또 상사나 직장 선배의 말이라면 "네, 좋은 생각인 것 같아요" 하며 무조건 맞장구를 쳤다. 그러다 보니 매일 일보다는 인간관계에 더 많은 에너지를 소모하고 있다는 허탈감을 느꼈다. 다른 사람들이 자신을 어떻게 평가하는지에 신경을 곤두세우고 있다 보니, 퇴근 후에는 라디오에서 흘러나오는 사람들의 말소리조차 듣기 싫을 정도로 극도의 피로감을 느꼈다.

새로운 환경에서 만난 낯선 사람의 성향을 파악하는 과정에서 우리는 타인에게 맞춰 주어야 한다는 목소리와 그것을 거부하는 목소리 사이에서 자주 갈등한다. 특히 리타처럼 큰 조직에 들어가게 되는 경우에는 내가 먼저 적응을 해야 한다는 압박감에 시달리기 쉽다. 있는 그대로의 솔직한 모습을 보였다가는 조직에 어울리지 않는다는 인상을 줄 수 있다고 생각하기 때문이다. 이런 압박감과 두려움은 상대방에게 자신을 맞추라고 등을 떠밀고 경계를 정할 틈을 주지 않는다. 그러면 원치 않는 곳에 경계가 그어지고 상대방과 접촉할 때마다 긴장감과 스트레스를 받을 수 있다.

/// 상대에게도 적응할 기회를 주라 ///

다른 사람과 편안한 관계를 맺고 싶다면 다음과 같은 생각을 해 봐야 한다.

'내가 원하는 것은 무엇인가. 또 상대가 원하는 것은 무엇인가. 우리 두 사람 사이에 무엇은 가능하고 무엇은 불가능한가? 나는 무엇을 포기할 수 있으며 절대 포기할 수 없는 것은 무엇인가?'

새로 만난 사람에게 좋은 모습을 보이고 싶고 원만한 관계를 맺고 싶다는 욕구는 누구에게나 있다. 때로는 그 마음이 좋은 결과를 가져오기도 하지만 과도할 경우에는 있는 그대로의 내 모습을 버리고 상대가 원하는 모습을 흉내 내게 될 확률이 크다. 내가 원하는 것보다 타인이 원하는 것이 우선순위에 놓이게 되는 셈이기 때문이다.

나는 리타에게 잘 보여야 한다는 압박감은 내려놓고 50퍼센트 정도만 내 모습을 보여 준다는 생각으로 사람들을 만나 보라고 말해 주었다. "리타 씨도 회사에 적응하고 있지만, 회사도 리타 씨에게 적응하는 중이라는 걸 잊지 마세요."

새로운 곳에 적응하기 위해 노력하는 것은 당연하다. 하지만 본래 내 모습을 억지로 바꿔가면서까지 노력할 필요는 없다. 내가 그들이 어떤 사람인지 궁금해하며 적응하려고 노력하는 것처럼 그들도 내가 어떤 사람인지 알고 싶어 한다. 그런데 본연의 내 모습을 꽁꽁 숨겨 버리면 상대는 나를 자기가 생각하고 싶은 대로 생각해 버리거나 아예 무관심해진다. 진심으로 새로운 사람들과 가까워지고 싶다면, 내가 한 발 다가설 때 상대도 한 발 다가올 수 있도록 나에 관한 정보들을 솔직하게 보여 주어야 한다.

서로에게 상처만 남는 최악의 배려

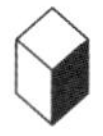

"세상은 자기가 어디로 가고 있는지 아는 사람에게 길을 만들어 준다."

- 랠프 월도 에머슨, 미국 사상가 겸 시인

한스 안데르센의 동화 『인어공주』에는 사랑하는 왕자 곁에 있기 위해 마녀에게 목소리를 주고 인간이 된 인어공주가 나온다. 어릴 적 이 이야기를 읽고 난 후 나는 왜 인어공주는 자기가 왕자를 구했다고 말하지 않는지 도무지 이해할 수 없었다. 목소리가 나오지 않아도 표현할 수 있는 방법은 얼마든지 있지 않은가. 그게 아니라면, 착하고 예쁜 주인공은 다른 사람이 먼저 알아주기 전까지 자신의 선행을 말하면 안 되는 것일까? 그런데 더 놀라운 것은 사회생활을 시작하면서 훨씬 더 많은 인어공주들을 직접 만나게 되었다는 사실이었다.

심리 치료를 하면서 나는 많은 사람들이, 특히 여성들이 속 시원하게 자기 생각을 말하는 것을 어려워한다는 사실을 알았다. 더 솔직히 말하자면, 어려워하는 게 아니라 거부하고 있는 듯했다. 그들의 머릿속에는 자기주장을 하는 드센 사람보다 자신의 마음을 알아줄 때까지 묵묵히 참고 견디는 사람이 더 사랑받는다는 철학이 확고하게 자리 잡고 있었다. 그래서 싫다는 표현을 애매모호하게 에둘러 하고 화가 나도 아닌 척, 힘들어도 괜찮은 척하기 위해 온 힘을 다했다. 그런데 직접 말로 표현하지 않아도 자신의 마음을 알아주는 사람을 만날 확률은 인어공주가 그랬던 것처럼 거의 없다. 결국 번번이 상처받고 괴로워하는 쪽은 솔직하게 말하지 않고 갈등을 회피하는 사람인 것이다.

/// 배려할수록 문제는 커진다 ///

엔리케는 프리랜서 작가다. 어느 날 아침 그녀는 원고를 청탁하는 전화를 한 통 받았다. 마감 기한이 5일밖에 남지 않은 청탁이었다. 게다가 정말 피하고 싶은 주제였다. 두 번 고민할 필요도 없이 거절하려고 하는데 수화기 너머에서 어렵겠지만 부탁드린다는 간곡한 목소리가 들렸다. 한 번 식사를 했었다는 사실이 엔리케를 망설이게 했다. 밥까지 먹은 사이인데 냉정하게 거절해서 그를 무안하게 만들고 싶지 않았다. 하지만 그 주제로는 도저히 괜찮은 글을 쓸 수 없을 것 같았다. 엔리케는 최소한 열흘은 돼야지 닷새는 너무 빠듯하다고 적당히 핑계를 대고 전화를 끊었다. 그런데 10분쯤 후 다시 그 기자에게 전화가 걸려 왔다. 열흘 뒤 마감으로 허락을 받았으니 해 달라는 거였다. 엔리케는 별 생각 없이 열흘이라는 말을 한 자신에게 화가 났지만, 이미 엎질러진 물이었다. 기자는 끈질겼고 이유는 점점 궁색해졌다. 그녀는 '열흘이면 쓸 수 있다고 하셔서 벌써 보고까지 끝냈다, 지금 와서 못한다고 하시면 이번 달 잡지는 나오지 못할 거다, 작가님이 정말 마지막 희망이다'라고 말하며 엔리케의 마음을 어지럽혔다. 엔리케는 결국 그 일을 떠맡을 수밖에 없었다. 도대체 뭐가 잘못된 걸까. 왜 나는 이렇게 난처한 지경까지 내몰렸을까. 엔리케는 무리한 부탁은 자신이 받았는데 왜 미안해하며 책임까지 지게 됐는지 답답해졌다. 차라리 처음 전화를 받았을 때 솔직하게 그 주제로는 쓸 수 없다고 단호하게 말했다면 청탁을 수락하는 상황까지는 가지 않았을 것이라는 후회가 막급했다.

/// 거절은 빠를수록 좋다 ///

자기 한계를 정하고 단호해지는 데 있어서 가장 중요한 것이 바로 '안 돼'라고 말하는 타이밍이다. 사람들은 단호함을 보여 주어야 할 때 너무 늦게 행동에 착수하는 경향이 있다. 모두에게 파이가 다 분배되고 며칠이 지나서야 그때 받은 내 파이는 좀 작은 것 같다고 항의하는 것이다. 자신의 주장이 당연한 권리인데도 사람들은 거듭 생각만 하다가 타이밍을 놓치고 만다. 그래서 모두의 평화를 깨뜨리는 말썽꾼이 되는 상황에 처할 때도 있다. 늘 남을 배려하고 손해를 감수하며 살아왔는데 한순간에 이기주의자로 둔갑해 버리는 것이다. 이처럼 억울한 일도 없을 것이다. 그러므로 한계선 주변에서 위험을 알리는 신호를 보내온다면 그 자리에서 바로 거절하는 게 가장 좋은 타이밍이다. 시간이 지날수록 거절에는 원망이 달라붙는다. 사람들은 시간을 끄는 우리를 보며 '나를 위해 심사숙고 했구나, 그만큼 이 문제를 중요하게 생각했구나'라고 생각하지 않는다. 오히려 괜히 시간만 낭비하게 했다고 화를 낼 가능성이 훨씬 높다.

물론 자기 권리를 주장함으로써 주변 사람들의 마음을 불편하게 할 수는 있다. 하지만 나의 권리와 마음의 평화를 위해서라면 필요할 때 싸울 줄도 알아야 한다. 계약서에 서명을 끝내고 나서 조항을 바꿔 달라고 말하는 것은 어린아이처럼 떼를 쓰는 것밖에는 안 된다. 우리가 그동안 거절하지 못하고 손해를 감수하면서까지 지키고 싶었던 이미지는 징징대며 우는 소리를 하는 사람이 아니지 않은가. 그러니까 자기 한계를 설정하고 경계선을 인지했다면, 경고음이 울렸을 때 참지 말고 즉각 대응해야 한다.

/// 솔직하게, 자신있게 ///

커뮤니케이션 전문가 버나드 페라리는 가장 정중한 거절은 솔직하게 자신이 느끼는 바를 말하는 것이라고 말한다. 단, 불쾌한 감정을 그대로 표현하지 않고 말이다. 예를 들면 이런 식이다. 사무실에서 시끄럽게 사적인 통화를 하는 동료에게 조용히 해 달라거나 개인적인 통화는 휴게실에서 하라고 얘기하는 것보다 "내가 조금 예민해요. 그래서 주위가 소란스러우면 집중할 수가 없어요. 개인적인 통화는 휴게실에서 해 줄래요?"라고 말하는 게 상대의 마음을 움직이는 데 훨씬 도움이 된다는 것이다. 도저히 단호하게 거절하지 못할 때는 그 자리에서 결정하지 말고 차라리 하루 생각할 시간을 가지라고 이야기한다. 그가 상담했던 한 중견 관리자는 거절하고 싶지만 단호하게 말할 수 없을 때마다, "미안하지만 제가 꼼꼼하지 못한 편입니다. 그래서 계약서를 보자마자 사인을 하면 나중에 꼭 일을 번복하게 되더라고요. 하루만 생각해 보고 의견을 말씀드리겠습니다"라고 말하는 것으로 후회하는 일을 줄일 수 있었다고 한다.

우리는 좋은 사람으로 보이고 싶어서 단호하게 거절하지 못할 때가 많다. 그러나 그 결과는 부탁한 사람을 무작정 미워하거나 자꾸 결정을 번복하는 피곤한 사람이 될 가능성이 크다. 내키지 않은 일을 즐겁게 할 수 있다면 굳이 거절하지 않아도 된다. 하지만 그럴 수 없다면 미움받을 각오를 해서라도 단호해져야 한다. 내가 원하지 않은 일을 하면서 행복해지길 바라는 것은 어리석은 일이다.

Chapter 2

거절합니다,

당신보다
내가 더
소중합니다

'너'와 '나'라는 존재는 밧줄로 연결된 조각배와 같다.

너무 멀어지면 남남이 되고

너무 가까우면 부딪혀 깨지고 만다.

자신이 허락할 수 있는 한계를 정하고

섬세하게 거리를 조정해야

좋은 관계를 지속할 수 있다.

나를 소중하게 생각하는 사람만 곁에 두면 충분하다

"당신에게 주어진 시간은 한정돼 있다.
그러니 다른 사람의 삶을 사느라 인생을 낭비하지 마라."

- 스티브 잡스, 미국 애플 사의 CEO

단호해지는 것을 방해하는 가장 큰 장애물은 불안감이다. 사람들은 단호하게 자신의 의견을 주장하면 나쁜 평가를 받을지 모른다고 불안해한다. 이들은 다음과 같은 걱정에서 벗어나지 못한다. '주말 근무를 대신해 달라는 부탁을 거절해도 동료들이 나를 좋아할까?', '내가 총무를 맡지 않으면 동호회 회원들이 나를 무책임하다고 생각할까? 거절한 뒤에도 모임에 나갈 수 있을까?', '자주 찾아뵙지 않아도 부모님이 계속 나를 사랑할까?', '혹시 내가 혼자 하루를 보내고 싶다고 말하면 남자 친구가 화를 내지는 않을까?' 그리고 이런 걱정들의 밑바탕에는 다음과 같은 불안함이 깔려 있다. 싫다고 말해도 사랑받을 수 있을까?

/// 넌 나의 착한 딸이어야 해, 영원히 ///

카렌은 외동딸 아닌 외동딸이다. 오빠가 있었지만 그가 어린 나이에 사고로 세상을 떠났기 때문이다. 어린 아들을 떠나보내야 했던 부모님은 심하다 싶을 정도로 카렌을 보호했다. 그녀는 성당 캠프도 갈 수 없었고, 친구들과 함께 버스를 타고 공원에 놀러갈 수도 없었다. 부모님은 카렌을 어디든 직접 데려다 주려고 했고, 그럴 수 없을 때는 카렌의 외출을 허락하지 않았다. 그 대신 정기적으로 가족 여행을 가고 카렌이 필요하다고 말하는 것들을 거의 대부분 사 주었다. 그러면서 자신들이 얼마나 카렌을 사랑하는지, 카렌의 행복을 위해 얼마나 노력하고 있는지 설명하고는 했다. 카렌은 친구들과 자유롭게 어울릴 수 없는 게 답답했지만 부모님을 이해했기 때문에 말을 잘 듣는 모범생이 되기 위해 노력했다.

그러던 어느 날 카렌은 새로 사귄 친구와 얘기하느라 평소보다 한 시간 정도 늦게 집에 들어갔다. 부모님이 걱정할 수도 있다고 생각은 했지만, 저녁 식사 시간에 늦은 것도 아니니 그럭저럭 넘어갈 수 있을 것이라고 생각했다. 그런데 부모님은 카렌을 보자마자 엄청나게 화를 내며 그녀를 꾸짖었다. 그리고 무려 3일 동안이나 그녀와 대화하지 않았다. 카렌은 문득 17살이 되도록 부모님의 감시와 간섭 속에 갇혀 살다시피 하는 자신의 처지가 너무 불행하게 느껴졌다.

자식을 과잉보호하는 부모들은 아이들이 성장하면서 자연스럽게 하나의 인격체로 독립할 수 있는 기회를 박탈해 버린다. 그들은 자신 곁에 아이를 바짝 붙여 놓고 떨어지지 않으려고 한다. 그것이 사랑이고 보호라고 생각하는 것이다. 그러나 그런 사랑은 아이를 나약하게 만들고 아이의 발전을 가로막을 뿐이다. 게다가 그런 부모일수록 자신의 의도대로 아이가 자라길 기대하기 때문에 아이에게 지나친 순종을 요구할 수 있다. 그러면 아이는 부모의 사랑과 관심을 계속 받기 위해 독립적이고 싶은 욕구와 사랑받고 싶은 욕구라는 당연히 공존해야 할 두 본능 사이에서 갈등하게 되고, 결국 인간관계가 사랑받거나 미움받거나 둘 중 하나라는 극과 극의 관점을 갖게 된다.

만약 어린 시절 또래집단이나 가정에서 자신이 원하는 대로 행동했다가 소외당하거나 과도한 체벌을 받은 경험이 있다면 그것은 트라우마가 되어 인생을 지배할 수 있다. 이런 불안을 가진 사람은 커서도 단호한 태도를 보이는 데 어려움을 겪는다. 그들은 스스로에게 처벌을 내린다고 생각할 정도로 자신의 의사를 쉽게 포기한다. 순응하는 것이 자신을 지키는 유일한 방법이라고 생각하기 때문이다. 그리고 본심을 드러내지 않음으로써 불안한 결과를 피하고 사랑을 상실하는 일로부터도 보호된다고 믿는다.

독일 속담 가운데 '가정은 아이에게 뿌리와 날개가 되어야 한다'는 말이 있다. 가정은 뿌리가 깊은 나무처럼 아이의 인생이 흔들릴 때마다 넘어지지 않게 지탱해 주는 버팀목이 되어야 하며, 그 아이가 자라 자유롭게 세상으로 나아갈 때 멋진 날개가 되어 지지해 줄 수 있어야 한다는 말이다. 다시 말해 가정은 사랑과 안정감, 소속감을 주는 것은 물론, 다른 한쪽에서는 독자성과 자율, 자유를 보장해야 하는 것이다. 이 두 가지가 모두 가정 안에 존재해야 삶을 균형 있게 발전시킬 수 있다.

그러나 부모의 과잉보호는 아이에게 뿌리와 날개 둘 중 하나를 선택하도록 강요한다. 그러면 거의 모든 아이들은 부모의 사랑과 보호, 소속감을 느낄 수 있는 뿌리 쪽을 선택할 수밖에 없다. 그 반대를 선택할 만큼의 힘이 없기 때문이다. 이런 양자택일의 경험은 부모의 사랑과 인정, 칭찬에 매달리게 하고 조금이라도 그것에서 벗어나는 행동을 하는 것을 두려워하게 만든다. 부모가 과도하게 개입하여 자식의 인생을 좌지우지하려고 할 때도 거부하지 못한다. 더 나쁜 것은 이런 부모와의 관계가 동료와의 관계, 상사와의 관계 등 사회적 관계에도 영향을 끼친다는 것이다.

/// 희생하게 만드는 사람과 함께하지 마라 ///

이런 악순환은 일부러 끊어 내지 않으면 절대 저절로 멈춰지지 않는다. 사람들은 익숙하고 오래된 것을 선호하는 경향이 있다. 새롭게 담장을 쌓아 올리고 앞으로 담장 안쪽은 나의 사적인 공간이라고 공표하더라도 상대는 새로 세운 담장을 무시하고 여전히 우리의 풀밭에 주차하는 일이 일어날 수 있다. 더구나 이미 우리는 친구나 동료들에게 부탁하면 기꺼이 도와주는 사람, 무리한 요구에도 '아니오'라고 답하지 못하는 사람으로 인식되었을 가능성이 크다. 오랜 시간 동안 그런 이미지가 굳어져 왔다면 우리가 용기를 내어 보낸 거절의 메시지는 당연히 수락할 것이라는 여과장치에 의해 희미하게 걸러져 버릴 것이다. 이런 지경이라면 관계가 멀어질 수도 있다는 각오를 하고 분명하게 선을 그어야 한다.

다만 여기서 중요한 것은 선을 인정할 수 있는 가능성의 여부다. 시간이 걸리더라도 서로의 한계를 인정하고 이해해준다면 관계는 흔들리지 않을 것이다. 그러나 기존의 영역을 고수하며 당신의 희생을 고집하는 사람이라면 이번 기회를 통해 적당한 거리를 두거나 극단적인 경우 관계를 끊을 필요가 있다.

진심으로 서로를 아끼는 관계는 각자의 욕구와 한계를 존중하며 독립된 의지와 본성에 알맞게 생활할 수 있도록 돕는다. 나 자신이 이런 생각을 갖고 새로운 관계를 맺으면 기존의 관계까지도 변할 가능성이 생긴다. 함께 논쟁하고 함께 웃을 수 있는 진정한 대화를 나눌 사람이 있는데 왜 일방적으로 희생해야 하는 관계에 매달리겠는가. 일단 나 자신이 변하면 관계는 달라진다.

정말 우리의 존재 자체를 중요하게 여겼던 사람은 우리가 우리의 욕구대로 행동해도 계속 곁에 남을 것이다. 또한 나의 한계와 생각을 당당하게 말할 때 나와 주파수가 맞는 새로운 사람을 사귈 수도 있다. 그리고 이들로부터 더 많은 이해와 후원을 받을지도 모른다.

두려워했던 결과가 늘 가혹한 현실로 실현되는 것은 아니다. 그러니 거부하는 것을 주저하지 마라. 단호하게 행동할 때 우리는 독립할 수 있고 더 이상 모든 사람에게 사랑받고 싶다는 생각에 좌우되지 않을 것이다.

한계침입자들이 우리에게 죄책감을 유발하는 방법

"자신을 위해 시간을 할애하고도 죄책감을 느끼지 말아야 한다.
우리의 삶이 끝나는 날까지 언제나
우리와 함께 있을 것이 확실한 단 한 사람은
다른 누구도 아닌 바로 자신이라는 것을 생각하면 더더구나 그렇다."

- 안 안설렝 슈창베르제, 『차마 울지 못한 당신을 위하여』

앤드류는 마리아와의 관계가 깊어질수록 자기 삶이 저 멀리 달아나는 것 같은 기분을 느꼈다. 마리아는 앤드류의 일거수일투족을 알고 싶어 했다. 앤드류가 월요일 11시 25분에 무엇을 하고 금요일 오후 3시 30분에 무엇을 할지, 보지 않고도 훤히 상상할 수 있어야 했다.

앤드류는 마리아의 그런 관심이 도무지 익숙해지지가 않았다. 묻지도 않고 그녀의 친구들과 만날 약속을 잡거나 마음대로 주말 계획을 잡을 때마다 무거운 갑옷을 입은 것처럼 가슴이 답답해졌다. 마리아를 사랑하지만, 혼자 집에 있는 것을 더 좋아하고 간섭받는 것을 싫어하는 자신의 성향도 존중받고 싶었다. 앤드류는 마리아의 지나친 간섭을 참아 내는 일이 한계에 다다랐음을 느꼈다.

그러던 어느 날 마리아는 언제나처럼 앤드류의 집에서 그가 퇴근하기를 기다리다가 충동적으로 가구 배치를 바꿔야겠다는 생각을 했다. 책장과 소파의 위치를 바꾸기 위해 책들을 모두 꺼내는데 앤드류가 돌아왔다. 앤드류는 엉망이 된 집을 보자마자 화가 솟구치는 것을 참을 수 없었다. 그는 미안해하는 마리아의 얼굴을 보지도 않고 왜 남의 물건을 마음대로 바꾸느냐고 버럭 소리를 질렀다. 그리고 그동안 쌓아 왔던 불만들을 한꺼번에 쏟아냈다. 겨우 흥분을 가라앉혔을 때는 마리아가 얼빠진 얼굴로 소파에 앉아 눈물을 흘리고 있었다. "남의 물건이라니 우리가 남이야?" 라고 화를 내면서. 앤드류는 그 후로 며칠 동안 그날의 일을 사과해야 했다. 회사에서 너무 심하게 스트레스를 받았던 것 같다는 핑계를 대고 모든 불만을 부정하면서 말이다.

미처 거부할 새도 없이 우리 인생을 마음대로 휘두르려는 사람들이 있다. 그들은 우리의 성향을 이미 파악하고 있으며 어떻게 반응할지도 알고 있다. 다시 말해, 마리아처럼 연인이거나 가족, 혹은 가장 친밀한 관계를 맺고 있는 사람들 중 한 명일 가능성이 높다. 나는 이런 사람들을 '한계침입자'라고 부른다.

한계침입자들의 공통점은 선을 긋는 행위에 죄책감을 불러일으킨다는 것이다. 그들은 우리가 자신의 영역을 보호하기 위해 선을 긋고 단호하게 행동하는 것을 이기적이라고 말하며 그로 인해 자신이 희생자가 된 것처럼 연기한다. 이 때문에 우리 내면에는 죄의식이 싹트고, 상황을 다시 볼 생각도 하지 못하고 한계를 설정하는 것을 포기해 버린다.

죄책감 유발은 상대의 경계를 허무는 데 성공률이 높은 방법이다. 일단 죄의식을 갖게 되면 사람들은 자신이 지나치게 행동했다거나 이기적이었다고 생각하고 자신의 (저지르지도 않은) 잘못을 바로잡고 싶어 한다. 그래서 한계침입자에게 모든 것을 내준다.

/// 한계침입자들이 우리를 조종하는 방법 ///

한계침입자들이 죄책감을 유발하는 방법은 크게 3가지로

볼 수 있다. 첫 번째 방법은 우리의 거절이나 잘못이 힘없는 자신에게 얼마나 치명적인지를 암시하는 것이다. 건강 악화나 극단적인 경우 이별의 가능성을 암시하며 위협할 때도 많다.

리나는 2년 동안 어머니의 병 수발을 드느라 휴가를 떠나지 못했다. 최근 어머니의 상태가 많이 호전되어 오랜만에 여름휴가를 떠나기로 결심했다. 여름휴가를 떠나기 전에 요양원으로 어머니를 찾아갔을 때, 어머니는 여행을 잘 다녀오라며 이렇게 말했다. "넌 어차피 휴가를 갈 테니 5주나 지나야 다시 볼 수 있겠구나. 그때까지 내가 살아 있기나 할지 모르겠다. 몸조심해라!"

두 번째 방법은 유난히 모범적인 사람과 당신을 비교하는 것이다. 이때 한계침입자들은 비난하고 싶은 마음을 절대 드러내지 않는다. 그들은 슬픈 얼굴, 고통스러운 눈빛이 훨씬 설득력 있다는 것을 알고 있다. 그래서 중립적이고 구체적인 표현을 사용하여 효과를 높인다.

다니엘은 최근 아들에게 이런 이야기를 들었다. "마크가 새 트레킹 자전거를 샀어요. 아빠와 자주 자전거 여행을 다니다 보니 뛰어난 성능의 자전거가 필요했나 봐요. 아빠와 함께 캠핑을 할 때 캠프파이어도 했다고 자랑하더라고요. 마크네 아빠는 마크를 위해서라면 언제든지 시간을 내요. 내년에는 보덴 호로 장거리 자전거 여행을 간다더라고요. 내 자전거는 낡은 데다가 트레킹용도 아니라고 하니까 두 사람이 깜짝 놀라는 거예요….”

좋은 엄마, 좋은 아빠, 착한 딸, 착한 아들이 되고 싶지 않은 사람이 어디 있겠는가? 설령 지금은 부족하더라도 그렇게 되고 싶다는 생각은 누구나 가지고 있을 것이다. 한계침입자들은 이 생각을 집중 공략한다. 그들은 오랜 세월 노력하더라도 사소한 일로, 가령 해진 운동화라든가 낡은 게임기 혹은 때를 놓쳐서 하지 못한 칭찬 같은 것으로 모든 노력이 물거품으로 돌아갈 수도 있다고 넌지시 표현한다.

마지막 방법은 구체적으로 잘못을 지적하지 않으면서 죄책감을 일깨우는 것이다. 한계침입자들은 상대가 부담을 느껴 스스로 잘못을 찾아내도록 유도한다. 실제로 잘못을 저지르지 않았어도 자신이 무엇인가 잘못했다고 골똘히 생각하다 보면 한계침입자들의 부당한 대우도 그대로 받아들이게 되는 것이다.

/// 실제 잘못과 상상의 잘못을 구별하라 ///

한계침입자들이 의도적으로 주입하는 죄책감으로부터 벗어나려면 실제 잘못과 상상의 잘못을 구별해야 한다. 이때 당신이 스스로를 지키기 위해 단호해지겠다고 결심하게 만든 본래의 문제에 집중하는 것이 도움이 된다. 그러면 한계침입자들이 당신에게 넌지시 건넨 상상의 잘못이 당신의 한계를 지키는 일과 아무런 상관이 없다는 것을 깨닫게 될 것이다.

한계침입자들이 죄책감을 유발하려 한다면 일단 태도와 얼굴 표정을 바꿔서 당신이 그의 말에 동의하지 않다는 것을 보여 주어라. 그리고 당신이 문제의 본질을 정확하게 꿰뚫고 있으며, 간단히 흔들리는 사람이 아니라는 점을 분명하게 알려 주어야 한다.

자신을 요양원에 맡겨 두고 혼자 여행을 간다고 죄책감을 느끼게 하려는 어머니에게는 어머니를 사랑하기 때문에 제대로 치료받을 수 있도록 요양원에 모신 것이고, 5주 뒤에 활력을 되찾아서 재미있는 이야기와 함께 돌아오겠다고 분명하게 말할 수 있어야 한다. 여행을 간다고 해서 어머니를 사랑하지 않는 것도 아니고 그 때문에 불효녀가 되는 것도 아니다. 한계침입자들이 하는 말에 감정적으로 흔들리지 말고 이성적으로 원인과 결과를 잘 따져 보아야 한다.

우리를 사랑하고 우리가 사랑하는 사람도 한계침입자가 될 수 있다. 한계침입자들이 모두 나쁜 마음을 가지고 우리의 한계를 침범하려 하는 것은 아니다. 한계침입자들 중에는 자신 역시 또 다른 한계침입자에게 자신의 한계를 무시당하면서 성장한 사람들도 있다. 이들의 경우 대부분 자신의 행동이 한계침입자의 행동이라는 것을 자각하지 못한다. 그러니 꼭 이런 행동을 그들의 책임으로 돌리고 미워할 필요는 없다. 다만 우리가 또 다른 누군가에게 한계침입자가 되지 않기 위해서는 다른 사람에게 끌려다니지 말고 분명하게 선을 그어야 한다. 죄책감에 무조건 희생하는 삶은 절대 행복할 수 없다.

일방적인 수직관계에서 균형을 맞추는 현명한 대처

"중요한 것은 나에게 일어난 일이 아니라 그것으로 무엇을 하느냐다.
인생은 포커 게임과 같다. 나눠주는 카드를 고를 수는 없지만,
그 패를 어떻게 활용하느냐는 전적으로 나한테 달려 있다."

- 레지너 브릿, 『삶은 나를 배반하지 않는다』

가장 숨이 막히는 상황은 상대와 힘이 동등하지 못할 때 발생한다. 사람들은 자신보다 높은 지위에 있는 사람이나 더 많은 권력을 가지고 있는 사람 앞에서 어느 정도 희생을 감수하려고 한다. 그들의 심기를 불편하게 했다가 불이익을 받을지도 모르기 때문이다.

인사권을 쥐고 있는 상사, 사업권 수주를 위해 잘 보여야 하는 거래처, 나의 서비스를 평가할지도 모르는 고객, 집세를 올리고 싶어 하는 집주인, 아이의 학교 선생님들과 친한 어머

니회 회장 등 현대 사회에 존재하는 수많은 관계들에는 크고 작은 힘의 불균형이 있기 마련이다. 솔직히 말하면, 이 세상에서 평등한 관계는 얼마 없다.

힘의 불균형 상황을 견디지 못하고 감정적으로 대응하는 사람들은 두 가지 반응을 보인다. 첫 번째는 힘에 저항하며 미친 듯이 날뛰고 상대에게 분노를 동반한 무모한 공격을 시도하는 것이고, 두 번째는 힘에 복종하여 자신의 처지에 무력감을 느끼고 심한 경우 자해를 하는 것이다.

무인도에서 홀로 생활하지 않는 한 힘의 불균형 때문에 빚어지는 갈등으로부터 완전히 자유로울 수는 없다. 현실적으로 힘의 크기와 내가 받을지도 모를 불이익을 생각하면 단호한 태도를 포기하는 것 외에는 달리 대안이 없는 것처럼 느껴진다. 그러나 이렇게 방법이 없는 것 같은 경우에도 자신의 한계를 지키는 일을 포기해서는 안 된다. 최소한의 구역이라도 지킬 수 있는 수습책을 찾아 가능한 것만이라도 지켜야 한다.

/// 갑과 을의 관계 ///

힘과 무기력의 관계는 우리 주변 곳곳에 널려 있지만 특히 우리를 가장 힘들게 하는 것은 직장 내에서의 관계다. 어떤 상사들은 부하 직원을 마치 자신의 소유물처럼 여기며, 공적인 일은 물론 사적인 일까지 맡기려고 한다. 그들이 처음 불합리한 요구를 할 때 우리는 '이번 한 번뿐이겠지', '이만하면 되겠지'라고 순진하게 생각한다. 그러나 한 번 요구를 들어주면 반드시 점점 더 무리한 것을 요구한다. 이미 그 사람은 상대가 허용하는 한계가 그만큼 크다고 생각하기 때문이다.

기획팀에서 일하고 있는 수잔은 요즘 팀장 때문에 고민이 많다. 자신이 꼭 팀장의 뒤치다꺼리를 해 주려고 회사에 다니는 것 같기 때문이다. 시작은 사소한 부탁 몇 가지였다. 점심 먹고 들어오는 길에 샌드위치를 사다 달라고 하거나 외부 미팅을 나갈 때 근처에 들러 무엇을 좀 가져오라는 일들이었다. 수잔은 조금 귀찮았지만 크게 품이 드는 일이 아니었기 때문에 부탁을 들어주었다.

그런데 점점 부탁은 명령으로 바뀌고 더 많은 시간을 할애하는 일들이 발생했다. 팀장은 늘 마감 기한이 임박했을 때에야 비로소 일을 시작했는데, 얼마 전부터는 거의 자기 업무의 절반 이상을 수잔에게 떠넘겼다. 매번 이번이 마지막이라고 말하고 끝나면 포상 휴가를 보내 주겠다고 했지만, 프로젝트가 끝날 때마다 수잔을 기다리고 있는 건 밀린 본래의 자기 업무뿐이었다. 수잔이 정신없이 일들을 처리하고 있으면 팀장은 못 본 체하며 슬그머니 퇴근했다. 수잔은 일이 힘든 것보다 팀장에게 이용당하고 있다는 생각 때문에 더 스트레스를 받았다.

상사들이 자신의 마음대로 우리를 움직이려 할 때 우리는 마치 체스판 위에 올려진 말이 된 것 같은 기분이 든다. 내 마음대로 한 발짝도 움직일 수 없고 그들이 움직이는 대로 끌려다녀야만 하는 운명인 것처럼 느껴지는 것이다. 그런 운명을 타고 난 사람은 없지만 태도를 분명히 하지 않으면 벗어나기 힘든 것도 사실이다. 영원히 그들의 체스 말로 남지 않으려면 그들이 상식 밖의 일들을 요구해 올 때 적절히, 그리고 분명히 브레이크를 걸어야만 한다.

어떤 상사들은 자신의 감정을 제대로 조절하지 못하고 우리에게 다 쏟아 낸다. 이들은 감정 조절에 서툰 미숙한 어른으로 다른 곳에서 받은 스트레스를 우리에게 풀거나 우리의 생활을 좌지우지하며 자신에게 이만큼의 힘이 있다고 자위한다.

그런가 하면 자신의 능력이나 위치에 불안한 마음을 가지고 있는 상사들은 부하 직원들에게 더 가혹하게 군다. 특히 실무를 알지 못한 채 관리자로 새로 발령을 받아 오는 경우 능력 있는 실무자에 대한 견제가 심하다. 그들은 부하 직원들이 어떤 사안에 대해 일리 있는 주장을 할 때에도 이를 자신에 대한 공격으로 받아들이며 시시콜콜 꼬투리를 잡는다.

문제가 있는 사람은 자신의 힘을 남용하는 제정신이 아닌 상사들이지만 그들은 절대 자신에게 문제가 있다고 생각하지 않는다. 오히려 모든 잘못을 부하 직원에게 돌린다. 말귀를 못 알아듣는다고, 불성실하다고, 제대로 일을 할 줄 모른다고, 기본도 지키지 않는다고 비난하며 우리에게 상처를 준다. 나는 그런 사람들을 상담해 보고 싶은 욕구가 있지만 아이러니하게도 내 상담실에 방문하는 사람은 정말 문제가 있는 사람이 아니라 문제 있는 사람으로부터 시달린 피해자들이다.

시몬은 최근 진행된 구조조정 이후에 무력감에 빠졌다. 구조조정은 피했지만 구조조정 이후에 새로운 부장이 취임해서 더 이상 사장에게 직접적인 지시를 받지 않게 됐기 때문이다. 자신이 사장 대리 역할을 하고 있다고 생각했던 시몬은 큰 충격에 빠졌다. 이제는 신임 부장의 지시를 따라야 했고 자신의 업무용 차량도 신임 부장에게 넘어갔다.

아무리 봐도 좌천이라는 생각이 들자 시몬은 완전히 무력감에 빠졌다. 설상가상으로 신임 부장은 자신의 방식을 고집하며 끊임없이 시몬의 업무에 간섭했다. 그는 시몬이 사장 대리의 역할을 했던 것을 알고 시몬을 견제했다. 시몬의 의견에는 무조건 반대했고, 회사가 구조조정을 단행할 수밖에 없었던 이유는 기존 관리자들의 태만 때문이었다며 회의 도중에 공개적으로 시몬을 질책했다. 여태까지 시몬이 진행했던 모두 업무들이 재검토되었고 그 과정에서 부장은 아랫사람들에게 시몬의 잘못에 대해 비난했다.

처음에는 온몸이 마비된 것 같더니 마음속에서 차츰 분노가 솟구쳤다. 이대로 가다가는 미칠 것만 같았다. 기분 같아서는 사장과 부장에게 달려들어 17년간 근무하면서 쌓인 불만을 맘껏 터트리고 싶었다. 하지만 그러면 해고될 수도 있고 운 나쁘면 명예 훼손으로 고소까지 당할지도 모르는 일이었다. 모든 불만을 속으로 삭이려고 했지만 이미 상처가 난 가슴에서 화가 솟구치는 것은 어쩔 수 없었다.

힘을 거부하고 저항하는 것은 보통 도움이 되지 않는다. 어설프게 저항했다가는 허점을 보여 힘 있는 자에게 더 넓은 공간을 내주게 될 뿐이다. 지위가 올라갈수록 사람들은 여태까지 자신이 이뤄 놓은 것들을 놓치지 않기 위해서 더 보수적이고 더 괴팍하게 변하기 마련이다. 그래서 공격적인 태도로 상사의 부적절함을 콕콕 집으며 반론을 제기할 경우 대부분 상황을 더 악화시킨다.

힘의 분배가 균등하지 못할 때는 상황에 타협하는 것이 가장 현명한 방법이다. 굴복하고 말았다는 자괴감이 들 수도 있지만 그렇다고 당신이 미치광이 상사와 똑같은 사람이 된 것은 아니다.

몇 날 며칠을 슬픔과 분노 속에서 보내던 시몬은 결국 뾰족한 수를 찾지 못하고 현실을 받아들였다. 적지 않은 나이 때문에 오라는 데도 없는 데다가 특수 분야에서 너무 오랫동안 근무했기 때문에 비슷한 일자리를 찾으려면 삶의 터전을 떠나 북독일로 이사를 해야만 했다. 이직은 현실성이 없었다. 시몬은 분노의 폭발로 사태를 더 이상 악화시키지 않기 위해 한 걸음 물러서서 냉정하게 생각하기로 결심했다. 어쨌든 그가 해결책을 찾기 위해서는 건강해야 했고 시간이 필요했다.

일단 시몬은 버틸 수 있는 데까지 버텨 보기로 했다. 이번 구조조정에 사장이 자신을 포함시키지 않은 것을 보면 아직 자신을 믿고 있다는 뜻이고 그렇다면 희망은 있다고 생각했다. 대신 그 희망이 부장에게 공격적으로 보이지 않게 조심하기로 했다. 일부러 부장과 적대적인 관계를 만들 필요는 없었다. 다만 그렇다고 사실이 아닌 것을 사실이 아니라고 말하지 못하고 쥐 죽은 듯이 얌전하게만 있을 필요는 없었다. 부장이 시몬의 지난 업무를 질책하면 회사를 구조조정의 상태로 만든 것에 책임을 느끼고 있다고 표현하는 한편 좋은 성과를 거두었던 일들의 수치와 데이터를 제시하며 모든 일이 엉망이었던 것은 아니라고 설명했다.

그리고 개인적으로는 일 중심적인 생활에서 벗어나려고 노력했다. 시몬은 그동안 자신이 과도하게 회사와 자신을 동일시했고 삶의 다른 영역들은 소홀히 했다는 것을 알게 되었다. 이런 사실을 깨닫고 나니 회사에서의 위치와 성과에 대한 집착을 내려놓을 수 있었다.

이런 모습은 부장이 시몬에게 적대감을 지우는 데 일조했고, 시몬은 관계의 불균형을 어느 정도 맞출 수 있었다. 이후 모든 것이 변했다. 신임 부장은 여전히 권위적인 태도였지만 실무 경험이 있는 시몬을 나름대로 존중해 주었다. 회의 도중에 시몬을 공개적으로 질책하는 일도 없어졌다. 시몬 역시 사장 대리처럼 행동하던 모습을 버리고 부장에게 상사 대우를 해 주었다. 새로운 마음을 먹자 시몬 자신에게도 좋았고 근무하기에도 편했다.

/// 혁명보다는 '밀당' ///

힘의 전복이 쉽지 않은 상사와의 관계에서는 분명하게 맺고 끊는 것이 굉장히 중요하다. 먼저 인정할 것은 인정하자. 우리는 이상한 성격의 그들을 바꿀 수 없다. 그들에게 당신이 과도하게 권력을 남용하여 우리의 영역에 무단 침입했으니 당장 사과하고 썩 꺼지라고 알려 줄 수 있는 사람은 아무도 없다. 그들은 자신의 세계 안에 갇혀 있다. 그러니 그들을 바꿀 수 없다는 생각에 무력감에 빠지는 대신 당신이 할 수 있는 일을 찾는 것이 훨씬 도움이 될 것이다. 당신이 그를 대하는 태도와 생각을 바꾸는 것이다.

어떻게 생각을 바꿔야 할지 모르겠다면 지금 당신이 처한 상황을 절친한 친구에게 대입시켜 보자. 만약 친구가 당신과 같은 상황에 처했고 상담을 요청한다고 상상해 보자. 슬픔과 고통, 분노에 파묻혀 보지 못했던 현실적인 문제들이 보이고 상황을 냉정하게 판단하게 될 것이다. 자, 이제 당신은 친구에게 어떤 조언을 해 줄 것인가? 친구에게 해 주고 싶은 바로 그 조언을 받아들이고 실행하라.

권력을 휘두르는 사람을 만나면 적당히 같이 흔들리는 수밖에 없다. 다만 그의 권력에 굴복하고 내가 뿌리내리고 있는 자리까지 옮길 필요는 없다. 상사가 당신에게 요구하는 것을 5가지 유형으로 구분할 수 있다면, 그중에서 상사가 중요하게 생각하면서 당신의 한계를 별로 침범하지 않는 2~3개를 들어주어라. 그리고 나머지 것들에 대해서는 당신의 한계를 보이고 정중하게 더 이상은 무리라고 말하라. 당신은 상사가 좋아하는 제1의 부하는 될 수 없지만 2, 3위 정도는 될 수 있을 것이다. 당신의 한계를 지키는 대가가 2, 3위라면 그것으로 만족할 만하지 않을까?

우리는 나무이고 권력을 남용하는 상사는 바람이다. 바람이 불면 나뭇가지는 흔들릴 수밖에 없다. 흔들리지 않으려고 버틸수록 부러지는 가지만 많아진다. 바람은 곧 멈출 것이다. 그러니 적당히 흔들리면서 뿌리를 보호하는 것이 현명한 처사다.

누구보다 자기 자신을 먼저 보살펴라

"우리의 불행은 결핍에 있기보다 부족하다고 느끼는 결핍감에서 온다."

- 헬렌 켈러, 미국의 작가 겸 사회사업가

우리의 마음속에는 상반된 두 개의 욕구가 있다. 하나는 어려움이 닥쳤을 때 가능하면 혼자 힘으로 문제를 해결하려는 독립적인 욕구이고 또 다른 하나는 조금만 힘들어도 주변 사람들에게 도움을 청하려고 하는 의존적인 욕구이다. 독립적으로 살고자 하는 욕구가 없다면 하나부터 열까지 다른 사람에게 의지하며 폐를 끼치는 응석받이가 될 것이다. 반대로 의존하고자 하는 욕구가 없다면 독단적이고 독선적으로 살며 오히려 주변 사람들을 힘들게 할 수 있다. 나를 위해서도, 남을 위해서도 이 두 가지 욕구를 적절하게 조화시켜야 하는 것이다. 만약 이 두 개의 욕구가 어떤 계기로 인해 균형을 잃어버리고, 엎치락뒤치락하며 갈등을 일으킬 때 우리는 다른 사람에게 원치 않는 개입을 허용하고 만다.

/// 결핍 vs. 결핍감 ///

이 두 욕구 사이의 균형을 깨뜨리는 가장 큰 원인은 바로 '결핍감'이다. 자신의 능력으로는 목표한 바를 이룰 수 없다고 판단될 때 우리는 직접 해결해 보려는 욕구보다 타인의 도움에 기대고 싶은 욕구를 더 크게 느낀다. 목표를 이루고 싶다는 생각이 간절할수록, 자신에게 주어진 시간이 적을수록 의존적인 욕구는 커지며, 문제를 해결해 줄 수 있는 능력을 가진 사람에게 매달리기 쉽다. 자연히 상대에게 단호한 태도를 보이는 일 역시 힘들어진다. 결핍감은 마치 자석처럼 우리를 한계선 너머로 잡아당기는 것이다.

안드레아스는 많은 사람들 앞에서 발표할 때마다 온몸이 굳어 버리는 것 같은 기분이 들 정도로 긴장했다. 한 번이라도 실수를 하게 되면 자신의 모든 능력이 평가 절하될 것 같은 두려움 때문이었다. 특히 팀을 대표해 발표를 해야 할 때면 말주변도 없고 순발력도 좋지 못한 자신이 돌발 상황에 제대로 대처하지 못해 팀원들의 성과까지 망쳐 버릴까 봐 엄청난 스트레스를 받았다.

그런데 최근 안드레아스는 그토록 두려워하던 팀 프로젝트를 맡게 되었다. 회사에서 신규 아이템 발굴을 위해 사내 공모를 개최하였는데 다른 동료와 함께 자신의 아이디어를 발표하게 된 것이다. 다행히 팀을 이룬 동료는 안드레아스의 발표 울렁증을 잘 알고 있는 사람이었다. 게다가 그는 활발하고 말을 잘하기로 회사에서 유명했다. 프로젝트를 위해 처음 모였을 때 그는 짐짓 안드레아스를 배려하는 말투로 발표는 자신이 할 테니 걱정하지 말라고 했다. 안드레아스는 그에게 감사를 표했고, 그는 별일 아니라며 안드레아스의 어깨를 두드렸다.

그런데 프로젝트를 진행할수록 안드레아스는 뭔가 잘못되었다고 느꼈다. 그는 발표는 자신이 할 것이라고 말하는 대신 모든 잡다한 준비를 안드레아스에게 떠넘겼다. 자료의 정확성을 체크하고, 결과를 예측하는 일 등 그가 떠넘기는 일은 끝이 없었다. 함께 준비하는 프로젝트인데 업무 분배가 잘못된 것 같다고 말하려다가도 그가 혹시라도 자신에게 발표를 맡으라고 말할까 봐 안드레아스는 아무 말도 하지 못했다. 그리고 결국 발표 전날까지 혼자서 기획안을 준비했다.

스스로의 가치를 낮게 평가하는 사람일수록 자신의 권리를 자신 있게 주장하지 못하는 경향이 있다. 앞장서서 양보하고 상대방에게 우선권을 쥐어 준다. 심지어 자신의 감정, 생각, 소망을 표현할 가치가 없는 것으로 치부하기도 한다. 이런 생각은 태도나 눈빛에서 은연중에 드러나기 때문에 쉽게 한계 침입자들의 먹잇감이 되고는 한다.

자존감이 강한 사람이 '나는 발표는 잘 못하지만 리더십이 있다', '나는 보고서를 잘 쓰지는 못하지만 설명은 잘한다'라는 식으로 자신의 단점을 다른 장점으로 보완할 줄 아는 반면에, 자존감이 낮은 사람은 자신의 부족한 부분을 극대화하여 다른 장점들을 덮어 버린다. '나는 리더십이 없으니까 다른 사람들이 무시할 수밖에 없어', '나는 예쁘지 않으니까 사랑받을 수 없어'라고 생각하는 것이다. 그래서 다른 사람들이 자신의 부족한 부분을 공격하면 그런 말은 예의가 아니라고 말하거나, 그렇다고 해서 내가 부당한 대우를 받는 것이 옳은 일은 아니라고 말하지 못한다.

물론 스스로 결핍감을 느끼고 있다면 자신의 영역 역시 줄어들 수밖에 없다. 우리의 영역은 힘과 능력, 재정 상태 등이 반영된 것이니까. 그러나 힘이 약하고 능력이 없고 재정 상태가 좋지 않다고 해서 자신의 영역이 침범당해도 되는 것은 아니다. 작고 힘없는 나라라고 해도 국경을 침범하는 것은 전쟁으로 이어지는 심각한 행위인 것처럼, 어떤 사람이 특정한 부분에 결핍감을 느끼고 있다고 해서 그를 무시하고 함부로 조종하려고 해서는 안 된다. 지금 재정 상태가 좋지 않아서 누군가의 도움을 받았다고 해서 그 사람보다 자신이 부족하다는 뜻은 아니라는 말이다. 그저 잠시 결핍 상태에 놓여 있는 것뿐이지 나의 삶 전체가 그 사람 발아래 놓여 있는 것은 아니기 때문이다.

/// 남보다 자기 자신을 먼저 도와라 ///

결핍은 우리 자신의 문제일 때만이 아니라 타인의 문제일 때도 똑같이 영향을 끼친다. 타인과 나 사이에 적절한 거리를 확보하지 못한 사람은 흔히 다른 사람의 상황과 고통, 결핍에 쉽게 흔들린다. 대화를 하다가 상대가 울면 따라서 울기도 하고, 주위에 화난 사람이 있으면 같이 언짢아지기도 한다. 끔찍한 뉴스를 접하고 며칠 동안 악몽에 시달리는 사람도 있다. 특히 이런 사람들은 자기 상황도 통제하지 못하면서 다른 사람의 일에 섣불리 개입하고 후회하는 경우가 많다.

캐롤은 직장에서 해고된 지 3개월이 지나도록 일자리를 구하지 못했다. 지난주 월세를 내고 나니 수중에 남은 돈이라고는 200유로가 전부였다. 아무리 아껴 쓴다고 해도 한 달 생활비도 되지 않는 돈이었다. 몇 달 동생 집에서 신세를 져야 한다는 생각을 하니 자괴감이 밀려왔다. 그때 오토바이 동호회 회장에게서 정기 모임을 한다는 연락이 왔다. 두세 번 거절했는데도 집 근처니까 꼭 나와 달라고 매달리는 통에 캐롤은 더 거절하지 못하고 약속 장소에 나갔다. 맥주를 몇 잔 마셨을 때쯤, 동호회 총무가 안타까운 사고로 목숨을 잃은 신입 회원 이야기를 꺼냈다. 죽은 회원의 배우자가 직업도 없이 무일푼으로 아이를 키우고 있다는 거였다. 그 부부는 오랜 기간 함께 살았지만 여자는 보험 회사에서 한 푼의 보험금도 받지 못했다고 한다. 결혼식을 올리지 않은 데다가 보험계약서상 수령인이 그 여자가 아니었기 때문이다. 캐롤은 회원들과 맥주를 마시며 현실과 동떨어진 법과, 보상하지 않고 빠져나갈 길만 찾는 보험회사에 분통을 터트렸다. 그러고는 갑자기 오토바이 헬멧을 들더니 주머니에 남아 있던 마지막 200유로를 넣고 옆 사람에게 전달했다. 그렇게 총 아홉 명의 손을 거친 헬멧에는 270유로 67센트가 담겨 있었다. 그날 이후 캐롤은 오토바이를 전당포에 맡겨야 했다.

/// 그 사람의 운명은 그 사람의 몫이다 ///

상대의 결핍에 자극받는 사람들의 전형적인 특징은 한도를 모른다는 것이다. 이런 경우 대부분 자신의 능력과 한계 이상의 도움을 주려고 한다. 그래서 자신이 감당할 수 없을 만큼의 손해를 입기도 하고, 상대방에게 오히려 부담을 줄 때도 많다.

캐롤처럼 능력 범위를 벗어나는 도움을 주는 경우, 사람들은 자신의 행동을 후회하며 자책한다. 내 인생도 제대로 못 챙기면서 누구를 동정하냐고 스스로를 비아냥거리기도 한다. 그런가 하면 자신도 모르게 상대 위에 군림하려는 행동을 보이며 대가를 바라는 듯한 신호를 보낼 때도 있다. 그러면 상대는 요청한 적 없는 부담스러운 호의에 보답까지 해야 하는 상황에 질려 도리어 관계를 끊어 버릴 수 있다.

무리한 호의는 자신의 한계선을 넘게 할 뿐만 아니라 상대의 한계선까지 침범하게 만든다. 요청한 적 없는 도움은 지배와 간섭을 의미하고 상대에게 지나치게 베풂으로써 도움을 받는 사람을 부끄럽게 만들지도 모른다. 돈을 내는 사람은 결국 발언권을 행사하게 되어 있으니까. 그러므로 마음만 앞서 무작정 베푸는 도움이 아니라 상대의 상황을 객관적으로 인식하고 받아들일 수 있을 만큼의 필요한 도움을 줘야 한다.

순간적으로, 가까운 사람의 부족하고 궁핍한 모습에 마음이 약해질 때는 한 걸음 물러나서 거리를 두라. 그러고 나서 경제적인 것이든 감정적인 것이든 자신이 도울 수 있는 상한선과 하한선을 분명하게 결정한 후에 상대에게 다가가야 한다. 다음 질문들이 우리로 하여금 상대의 결핍에 휘둘리지 않도록 도와줄 것이다.

— 그 사람은 자신의 문제를 해결할 능력이 정말 없는가?

— 그 사람은 독립적이고 자율적인 사람인가, 아니면 의존적인 사람인가?

— 직접 문제를 해결하는 과정을 통해 그 사람이 성장할 가능성은 없는가?

— 실패 역시 성장의 일부라는 사실을 나는 인식하고 있는가?

— 어떤 도움이든 다른 사람의 도움은 일시적인 것일 뿐 그를 위기로부터 완전히 구할 수 있는 것은 아니라는 사실을 나는 알고 있는가?

사람은 누구나 자신의 인생항로를 스스로 결정하고 개척할 의무와 권리가 있다. 그 사람의 처지가 상대적으로 뒤처져 보인다고 해서 함부로 다른 사람의 인생을 동정하고 가치를 폄하해서는 안 된다. 모든 사람의 고통 속에는 그 사람이 삶을 살아가는 데 반드시 거쳐야 할 도전 과제도 들어 있기 마련이다. 이 과제를 어떻게 해결하느냐에 따라 그 사람의 인생이 새롭게 발전할 수도 있고 퇴보할 수도 있다. 당사자에게 위기를 헤쳐 나갈 능력이 있는지 없는지도 확인하지 않고 섣불리 누군가를 돕는 것은 그런 중요한 기회를 빼앗아 버리는 셈이다.

어떤 상황에 처해 있든 나의 운명을 결정하는 사람이 나 자신이길 바라듯이, 다른 사람 역시 자신의 운명을 선택할 권리가 있다는 사실을 잊지 말길 바란다.

적을 만들고 싶지 않은 착한 난쟁이 증후군

"우리 뇌가 평생 학습 능력을 지닌 복잡한 기관으로 발달한 것은
스스로 만들어 낸 기존 상황에 최적으로 순응하는
노예가 되기 위해서가 아니다."

- 게랄트 휘터, 『우리는 무엇이 될 수 있는가』

손해를 보는 것을 알고 있으면서도 '내가 좀 참지 뭐'라고 생각하는 착한 사람들이 있다. 그들은 타인에게 기꺼이 자신의 울타리를 열어 준다. 그리고 자신의 구역에 들어온 사람들이 신이 나서 파티를 즐기고, 앞마당을 엉망으로 만들어 놓는 것을 미소를 띠며 지켜본다. 속마음은 괴로워서 죽을 것 같지만 울타리를 닫아서 방문자들을 서운하게 만드는 것보다 이것이 훨씬 낫다고 생각하는 것이다.

그러나 오해는 하지 말기를 바란다. 모든 착한 사람들이 단호하지 못하다는 말이 아니다. 착한 사람들 중에도 자신이 결정한 선을 잘 지키고 무리한 부탁을 적절히 거절하며 자신을 이용하려는 사람과 적당한 거리를 두는 사람들이 있다. 그러나 착한 데다가 타인의 인정과 칭찬까지 받고 싶어 하는 사람들은 내면의 누군가로부터 끊임없이 한계 설정을 방해받는다. 나는 그 방해자를 착한 난쟁이Gutmännchen라고 부른다.

다른 사람에게 울타리를 열어 줄지 말지 결정을 내리지 못하고 있을 때 마음속에 있는 착한 난쟁이들은 먼저 행동을 시작한다. 그들은 몰래 비밀통로로 내려가서 울타리에 도착한 다음 문을 활짝 열어 버린다. 그리고 들고 있는 밝은 등불로 울타리 밖에 있던 다른 사람들에게 신호를 보낸다.

이 착한 난쟁이들은 자신이 착하기만 한 존재라고 믿고 언제나 착한 모습, 최선의 모습만을 보이려고 한다. 그래서 감히 '그만 나가 달라'거나 '혼자 있고 싶다'거나 하는 '악한' 말을 할 엄두를 내지 못한다. 그들은 자신의 행동에 논리가 부족하다는 것을 알고 있지만 이런 행동으로 기쁨을 느끼기 때문에 큰 문제를 느끼지 않는다. 언제나 모든 것을 그것도 아무 망설임 없이 내주는 것을 즐기며, 자기 자신과 세계를 향해 자신이 얼마나 착한지를 입증하기 위해 모든 기회를 활용한다.

/// 착한 난쟁이의 뇌구조 ///

백설공주에게 일곱 난쟁이가 있었던 것처럼 착하게 살고 싶어 하는 사람들의 내면에도 다양한 성격의 착한 난쟁이가 있다. 어떤 난쟁이는 호의가 필요하다고 느낄 때 즉시 돕겠다는 말을 하며 상대에게 달려들고 또 어떤 난쟁이는 누군가를 이해하려고 할 때 물고기가 물을 만난 듯 이해 능력을 발휘한다. 이들은 다른 사람이 자신의 이런 태도를 이해하지 못한다는 것까지도 당연히 이해한다. 또 어떤 난쟁이는 상대가 미처 잘못을 저지르기도 전에 미리 용서해 주고는 한다.

당신은 어떠한가? 다음은 우리가 한계 설정에 어려움을 겪을 때 가장 빈번하게 나타나는 착한 난쟁이들이다.

☐ 친절	☐ 이해	☐ 호의
☐ 아량	☐ 관용	☐ 개방성
☐ 근면	☐ 신뢰	☐ 책임감

마음속에 착한 난쟁이가 있는 사람은 때로 선의를 줄이고 인색하게 굴 필요가 있다는 것을 외면한다. 더 나아가 착한 난쟁이를 자신과 동일시하며 정체성으로 삼는다. 예를 들어 책

임감이 설정된 착한 난쟁이를 가진 사람은 자신의 정체성을 책임감이 강한 사람으로 규정하고 어떤 경우든 자신은 책임감 있게 행동해야 한다고 생각한다.

이들은 대부분 착한 난쟁이의 긍정적인 면을 자기 자신과 과도하게 동일시한다. 그러면서 스스로를 호인好人으로 여긴다.

내면의 착한 난쟁이가 강하게 힘을 발휘하고 있는 사람들을 상담하다 보면 공통적으로 받는 질문이 있다. "착하게 행동하는 게 잘못인가요?" 이들은 '세상물정 모르고 착해 빠져서 문제다'라는 말을 들으면 억울한 감정을 느낀다. 주변 사람들이 왜 이렇게 인생을 피곤하게 사냐고 물으면 할 말이 없다. 그저 적을 만들고 싶지 않고 주변 사람들에게 호의를 베풀고 싶을 뿐이다. 이들은 자신의 기분만큼이나 타인의 기분을 생각한다. 자기 몫을 잘 챙기고 선을 분명하게 긋고 싶다가도 막상 그렇게 행동하면 마음이 불편하다. 단호하게 사느니 피곤하게 사는 게 마음이 편하다고 느낀다. 그들에게 문제가 있는 것은 착하지 않은 다른 사람들이다. '다른 사람들을 이해하고 선의를 베푸는 것이 나쁜 일은 아니지 않은가?'라고 생각한다.

물론 착한 것은 잘못이 아니다. 오히려 착한 사람들 덕분에 이 세상이 살만한 곳으로 유지되는 셈이다. 다만 착한 난쟁이가 문제다. 착한 난쟁이들은 자신의 상황을 돌아볼 새도 없이 무조건 착한 행동을 하려고 움직인다.

물론 즉각적인 도움이 필요한 사람들은 얼마든지 있다. 그러나 문제는 착한 난쟁이가 벌이는 선행이 언제나 좋은 결과를 가져오는 것은 아니라는 것이다. 착한 난쟁이 중에는 한계를 정하려는 노력을 방해하는 경우도 있다. 가령 지나치게 호의적인 착한 난쟁이는 자신의 상황이 여의치 않을 때도 다른 사람들의 처지에 연민을 느낀다. 그러면 도움을 받은 사람들이 선의를 너무 당연하게 여기는 부작용이 나타날 수도 있다. 다른 사람들에게는 예의를 지키고 호의도 베풀면서, 유독 당신에게만 무리한 부탁을 하는 것이다. '내 상황을 이해하는 건 너밖에 없다', '내가 의지할 수 있는 사람이 너 말고 또 누가 있겠냐'며 당신의 무조건적인 배려와 지지를 바란다. 돈독한 우정을 쌓아 온 친구가 한순간에 한계침입자로 바뀔 수도 있는 것이다. 이런 관계는 결코 정상적인 관계가 아니다.

착한 난쟁이에서 비롯된 정체성은 일방적이라는 특징이 있다. 예를 들어 친절 정체성을 가진 사람은 끊임없이 다른 사람을 도와주고 싶어 하지만 정작 그 자신은 도와 달라는 요구를 전혀 하지 못한다. 도움을 받을 수밖에 없는 상황이 되면 마지못해서 도움을 받는다. '이해심이 깊다'는 정체성을 가진 사람은 타인에게 자신을 이해해 줄 것을 요구하지 않는다. 이들은 자기 자신에게는 전혀 다른 규칙을 적용하는 것만 같다. 다른 사람의 문제에는 즉각적으로 움직이던 난쟁이들이 자신의 문제일 때는 어딘가에 깊이 잠들어 있는 것처럼 아무런 행동도 취하지 않는다. 타인에게는 친절할지 모르나 자신에게는 불친절한 존재들인 셈이다.

착한 난쟁이가 바람직한 방향으로 움직이려면 누구나 다른 사람의 도움이 필요할 때가 있다는 것을 마음으로 받아들여야 한다. 다른 사람의 호의를 받아들여도 된다는 사실, 그리고 호의를 일방적으로 베풀 때 절대 좋은 결과가 따르지 않다는 사실을 깨달아야 한다.

착한 난쟁이를 없애거나 어딘가에 내버리라는 말이 아니다. 시도한다 한들 성공 가능성도 희박한 일이다. 우리가 해야 할 일은 착한 난쟁이를 우리의 통제 아래에 놓고, 우리의 의지에 따라 움직이도록 하는 것이다. 우리 자신의 한계와 상대의 한계를 존중하는 법을 배우는 것도 여기에 속한다. 이런 작업이 선행되어야 착한 난쟁이는 비로소 본래 원하던 진짜 선행을 베풀 수 있다. 그리고 이것이 우리를 위하고 동시에 상대를 위하는 길이다.

/// 착한 난쟁이를 다루는 법 ///

자신의 마음속에 착한 난쟁이가 숨어 있다는 것을 알게 되었다면 이 착한 난쟁이를 어떻게 다룰지 구체적으로 생각해 봐야 한다. 가장 먼저 해야 하는 일은 저절로 튀어나오는 착한 난쟁이를 막는 것이다. 착한 난쟁이는 반응이 무척 빠르기 때문에 당신에게는 시간을 확보하는 것이 중요하다. 즉각적으로 반응하지 않도록 자제하면서 다음과 같은 물음을 스스로에게 던져 보아라.

— 생명이 위급한 문제인가? 그 상황이 나의 지체 없는 행동을 요구하는가? 당신이 즉각 반응할 필요가 없다면, 예컨대 물속으로 뛰어들지 않아도 된다면 다시 여유를 갖고 다음의 물음을 제기하라.

— 내가 당장 모든 것을 내주어야 하는가? 아니면 거리를 두고 상황을 주시하면서 나중에 감당할 수 있는 수준에 맞게 주어도 되는가?

— 상대도 나의 도움을 받아들일 것인지, 받으면 어느 정도나 받을 것인지에 대해 동의하는가? 상대에게 무슨 도움이 필요한지 물어보는 것이 최우선이다.

— 나 자신의 착한 난쟁이를 확인하고 만족시키는 것이 중요한가? 아니면 상대의 실질적인 행복이 중요한가? 여기에는 상대의 자율성과 자유, 책임, 독립성, 발전과 가치도 포함된다.

— 나에게 중요한 것은 나 자신의 착한 난쟁이인가 아니면 우호적이고 안정적인 인간관계인가?

— 나 자신의 착한 난쟁이가 자발적이고 한도를 넘는 행동을 할 때 어떤 결과를 낳을 것인가? 그리고 내가 본래 얻으려는 것은 무엇인가?

착한 난쟁이는 선한 행동을 하는 자체로 기쁠지 모르지만 우리 자신의 내면에서는 갈등이 생긴다. 호의를 베풀고 싶은 마음 위로 호구가 된 것은 아닐까 하는 의문이 생긴다. 아무리 내가 원해서 베푼 호의라도 일방적인 관계는 오래 지속될 수 없다. 소중한 사람들과 오래 관계를 맺고 싶다면 무조건적인 호의를 베푸는 것을 멈춰야 한다. 내가 베푼 친절을 하나씩 계산하고 있다가 상대의 친절에 일대일로 대응시키라는 말이 아니라 관계가 상호 이해와 신뢰를 바탕으로 하는지 생각해 보라는 말이다. 이런 관계야 말로 호의를 베풀 만한 관계다. 당신의 호의만을 바라고 당신에게 호의를 베풀 의도가 하나도 없는 사람이라면 당신의 울타리 안으로 초대하지 마라. 그들은 당신의 울타리 안으로 들어올 자격이 없다.

그동안 우리가
단호해질 수 없었던 이유

"이 세상은 모든 사람을 부러뜨리지만
많은 사람은 그 부러진 곳에서 더욱 강해진다."

- 어니스트 헤밍웨이, 『무기여 잘 있거라』

우리가 태어나서 가장 처음 맺는 관계는 부모(양육자)와의 관계다. 대인 관계를 대하는 기본적인 태도는 부모와 어떤 관계를 맺었느냐에 따라 달라진다고 볼 수 있다. 단호한 자세 역시 마찬가지다. 부모에게 어떤 의견을 주장하거나 거절을 하거나 또는 거리를 두는 것을 거부당한 경험이 있는 사람은 성인이 되어서도 자신을 표현하거나 자신을 지키기 위한 행동을 하는 것을 두려워하고 어려워한다.

사람들은 부모들을 통해 1차적으로 한계 설정을 학습하지만 모범을 보여야 할 부모들이 스스로의 한계도 제대로 지키지 못하는 경우가 많다. 자신의 한계를 지키지 못하고 타인의 한계도 존중할 줄 모르는 사람으로부터 관계 맺기를 배우고 훈련받는다면 정중하게 거절하고, 나와 다른 의견에 휘둘리지 않고, 자신을 보호하는 단호한 태도를 익히기가 쉽지 않다.

만약 당신이 다른 사람의 지지를 잃는 것이 두려워서 하기 싫은 일인데도 자원을 하거나, 아니라는 확신이 있는데도 반대 의견을 내지 못하거나, 끊임없이 자신을 보호해 줄 누군가를 찾는다면 어린 시절 한계 설정에 취약한 환경에서 자랐을 가능성이 높다.

/// 무엇이든 다 주는 사랑은 위험하다 ///

부모들이 가장 쉽게 범하는 잘못은 부모가 자신의 한계를 넘어선 사랑으로 아이를 과도하게 보호하고 모든 것을 다 해주려고 하는 것이다. 이런 양육 환경에서는 아이가 자신에게 필요한 것이 무엇인지 생각하고 선택하는 교육이 이루어지지 않는다. 부모가 알아서 좋은 것을 찾아 줄 것이기 때문에 아이는 얌전히 기다리기만 하면 되는 것이다. 아이의 자율권이 극히 제한되는 것은 말할 필요도 없다.

흔히 '부모의 사랑에는 한계가 없다'라고들 하지만 나는 이 말만큼 부모에게도 아이에게도 위험한 말은 없다고 생각한다. 사랑하는 자식을 위해 부모로서 못해 줄 것이 없다는 생각에서 비롯한 부모의 과도한 희생은 아이를 독립된 인격체로 보는 것을 막고 자신의 소유물처럼 다루게 만든다. 결국 이들은 아이에게 집착하며 아이의 인생을 좌지우지하려 한다.

이런 부작용에도 불구하고 여전히 자녀를 위해 자신을 희생하는 것을 자랑스럽게 생각하는 부모들이 많다. 그들은 자녀를 위해서라면 무엇이든 해 주려고 노력하며 자신과 가족의 한계를 한참 벗어난다. 이른바 아이의 행복을 위해서라는 명분으로 부모의 개인적인 욕구와 부부의 생활을 기꺼이 포기하고 아이들에게 필요 이상의 너무 많은 것을 지원해 주는 것이다.

이런 가정에서는 어느 누구도 자신의 한계를 지키는 일이 불가능하다. 한계를 알지 못하는 양육자는 자신의 한계뿐 아니라 배우자의 한계, 아이의 한계까지 망쳐 버린다. 그렇게 되면 부모라는 강력한 한계침입자에게 조종당한 아이는 자신이 어떤 도전을 감당할 수 있는지, 무엇이 능력을 벗어난 일인지 스스로 판단하지 못한다.

결국 아이를 위해 모든 것을 다 주어도 아이는 행복해지지 않는 것이다. 게다가 아이의 행복을 위해 모든 것을 다 해 주려고 하는 부모는 어떤 식으로든 그 대가를 돌려받기를 요구한다. 그러나 아이가 어떻게 행동해도 부모를 만족시키기는 어렵다. 일단 부모가 만족을 모르는 사람인 데다가 부모와 자녀 사이의 적당한 거리가 필요하다는 사실도 외면하고 하나부터 열까지 자녀가 자신의 계획대로 따라와 주길 바라기 때문이다.

/// 몸에 맞지 않는 갑옷은 오히려 상처를 준다 ///

위와 반대로 아이에게 방임에 가까울 정도로 지나치게 많은 것을 허용하는 것도 위험하다. 아이의 능력에 맞지 않는 자율권을 줄 경우 아이는 감당하기 힘든 무거운 책임을 떠맡게 된다. 자신에게 맡겨진 일을 모두다 어떻게든 해결하려고 노력하다 보면 자신의 능력 밖의 일도 만나게 된다. 그 과정에서 부득이하게 좌절을 경험할 수밖에 없다. 마치 몸에 비해 너무 큰 갑옷을 입은 것과 같은 상황이다. 온 몸의 힘을 다 주어야 팔 하나 움직일 수 있을 테고 땀을 뻘뻘 흘리며 아무리 노력해도 한 걸음도 못 옮길 수도 있다. 나를 보호하려고 입은 갑옷이 오히려 나를 힘들게 하는 것이다.

이런 환경에서 자란 아이들은 자신의 또래 아이들은 생각해 본 적도 없는 과제에 도전하고 실패했을 때 스스로가 부족하고 무능력하다는 느낌을 받는다. 의기소침해진 아이들은 결국 능력의 한계를 지나치게 낮게 평가하고 자신의 가치를 평가 절하해 버린다.

과잉보호든 방임이든, 두 가지 방식 모두 아이를 약하게 만드는 일이다. 부모가 아이를 얼마나 사랑하는지에 관계없이 이런 양육 태도는 아이를 방치하는 것과 다름없다.

부모가 아이에게 이중 메시지를 주는 경우도 치명적이다. "네 마음대로 해도 좋지만 계속 조르면 혼날 줄 알아!", "잘 자라서 훌륭하고 튼튼한 사람이 되어야 해, 하지만 언제까지 엄마의 사랑스런 아이로 남아 있어 줘." 부모의 이런 메시지는 아이가 무엇을 해도 되고 무엇을 하면 안 되는지 알 수 없게 만든다.

더 최악의 경우는 일관되지 않게 어느 때는 자율권을 극히 제한하고 또 어느 때는 지나치게 넓게 설정해 주는 것이다. 그러면 아이는 자유로운 한계 성장의 상황인지 경계를 벗어난 위반 상황인지 몰라서 극심한 혼란에 빠진다. 결국 능력 이하의 손쉬운 과제와 능력 이상의 과중한 요구 사이에서 시달리다가 자신이 진정으로 할 수 있는 일과 할 수 없는 일을 구분하지 못하게 된다.

/// 불안감을 키우는 조건부적인 사랑 ///

부모가 자제력을 잃은 환경에 자주 노출되는 것도 아이의 건강한 성장을 방해한다. 부모가 분노를 폭발시킬 때마다 아이는 부모의 사랑이 언제라도 파괴적인 폭력으로 변할 수 있고 신체적인 안전과 온전한 생존을 위협하는 무기가 될 수 있다고 받아들인다.

감정을 폭발시킨 부모는 거의 이성을 잃고 분노를 표현하기 때문에 스스로를 통제할 수가 없다. 폭발을 지켜본 아이는 부모가 화가 나고 불행한 이유가 자신 때문이라고 생각하고 당혹감과 죄책감을 느끼며 깊은 상처를 받는다. 그러면 부모는 사랑하는 자녀에게 상처를 주었다는 사실에 죄책감을 느끼고 자신의 실수를 만회하기 위해서 스스로에게 지나친 요구를 하게 된다. 그러면 우리 모두가 예상할 수 있듯이 부모가 또다시 자제력을 잃는 상황이 되풀이되고 만다.

감정이 불안정한 부모 아래에서 자라 부모의 감정 폭발을 자주 겪은 아이라면 자신이 부모의 사랑을 필요로 할 때 부모와 사랑으로부터 차단된 경험을 가지고 있는 경우가 많다. 이런 경험이 반복되면 아이는 부모의 사랑을 조건부적인 사랑으로 인식하고, 자신이 사랑받을 자격이 있을 때만 사랑을 받을 수 있다고 믿는다.

만약 당신이 이런 환경에서 성장하였다면 사랑과 관계에 대해 거의 병적으로 확실한 기준과 법칙을 찾을지도 모른다. 지금까지 내가 몰랐던 조건은 무엇인가? 어떤 조건이 충족되어야 부모의 관심이 사랑으로 이어지는가? 어떤 상황에서 사랑은 분노로 변하는가? 등등. 또는 사랑과 관계에 대해 다음과 같은 생각을 가질 수도 있다.

— 내가 기존과 다른 행동을 하면 자유롭고 홀가분한 느낌을 받을 수 있지만 사랑을 잃는다.
— 나의 강한 의지를 내보이면 폭력이 뒤따른다.
— 나는 나를 보호해 줄 누군가가 필요하다.
— 내 생각을 논리적으로 말해도 주변 사람들은 지지해 주지 않을 것이다.
— 분노, 슬픔 등 어떤 부정적인 감정을 드러내면 사랑을 잃는다.

이런 결론은 성격 형성과 인생에 지대한 영향을 미치게 된다. 예를 들어 슬픔을 드러낼 때 사랑을 잃는다는 결론을 낸 아이는 어떤 일에도 절대 눈물을 보이지 않으며 다른 사람과 감정을 쉽게 공유하지 못하는 어른으로 성장할 확률이 높다.

나는 부모와의 잘못된 애착 관계로 관계에 대한 두려움을 갖게 된 사람들에게 불안 목록을 작성해 보라고 한다. 그런 태도를 갖게 된 동기와 과정을 유추해 보는 것이다. 그 안에는 어린 시절 부모가 주었던 잘못된 사랑 표현, 또는 성숙하지 않았던 양육 태도가 원인인 것들이 분명 있을 것이다. 그 상처들을 혼자 힘으로 극복하는 것이 힘들 수도 있다. 나는 그때 당신이 주변 사람들의 도움을 받는 것을 주저하지 말았으면 좋겠다. 우리가 극복해야 하는 것이 적절한 한계를 설정하지 못하고 무조건적인 사랑에 대해 불신하는 것이라면, 다른 사람에게 손을 내미는 일은 이 두 가지 문제점을 한 번에 해결해 주는 일이기 때문이다.

독립적이되 고립되지 않은 삶을 만드는 단호함의 기술

"대부분의 사람은 자신의 나침반이 아니라
다른 누군가의 나침반에 기대어 길을 찾아가는 습성이 있다."

- 로버트 스티븐 캐플런, 『나와 마주서는 용기』

아무리 강한 동기와 의지를 가지고 있다고 해도, 많은 사람들과 함께 있을 때 단호한 자세를 유지한다는 것은 어려운 일이다. 대부분의 사람들은 세상 모든 것이 단호해지려는 자신의 의지를 꺾는 것만 같다고 고백한다. 나이가 많거나 직급이 높은 사람의 요구를 거절하는 것은 예의 없는 일이라는 착각, 사랑하는 사람의 부탁을 들어주지 않는 것은 더 이상 사랑하지 않는 뜻이라는 오해, 묵묵히 참고 견뎌야 착한 사람이라는 생각 등등, 우리를 단호해질 수 없도록 만드는 고정관념들이 도처에 널려 있다. 그러나 그중에서도 특히 우리를 당황하게 만드는 것은 이런 고정관념들이 이미 우리 내면에 뿌리 깊게 박혀 있다는 사실이다.

어쩌면 당신은 "더 이상 간섭하지 마세요. 내 뜻대로 하겠습니다"라고 말하는 것을 어려워하는 사람이 자신뿐이라고 생각할 수도 있다. 자신을 제외한 다른 사람들은 손해 볼 일은 하지 않는다고 말이다. 그러나 생각보다 많은 사람들이 자기 의견을 분명하게 밝히는 일을 힘들어한다. 그리고 이것은 인류 발전사를 돌이켜보았을 때 너무나도 당연한 일이다.

농경사회가 시작되기 전부터 인류는 집단생활을 하며 살았다. 위험으로 가득한 자연에서 혼자 살아남는 것은 불가능한 일이었기 때문이다. 사냥을 할 때는 뒤를 지켜 줄 사람이 필요했고, 사냥에 실패했을 때는 음식을 나눠줄 사람이, 병에 걸렸을 때는 보살펴 줄 사람이 필요했다. 또 다른 부족과 경쟁할 때는 함께 싸울 사람이 많을수록 좋았다. 그리하여 인류는 공동체를 만들었고 다툼 없이 함께 지낼 수 있는 시스템들을 발전시켜 갔다. 공동체에 '순응'하며 자신의 유전자를 후세에 전달하는 게 더 나았기 때문이다.

문명이 발전함에 따라 씨족 중심의 사회는 많이 해체되었지만, 여전히 공동체를 벗어나는 것은 생존을 위협하는 위험한 행동으로 받아들여진다. 중세 시대에는 가장 가혹한 형벌 가운데 하나가 성 밖으로 추방되는 것이었다. 추방된 사람은 법률적으로나 군사적으로 전혀 보호를 받을 수 없었고, 성 안에 있는 사람들과 접촉조차 할 수 없었다. 그들은 허허벌판에서 혼자 음식을 구하고 스스로의 몸을 지켜야 했으며, 똑같이 추방된 죄인이 아니면 그 누구와도 함께 살 수 없었다. 다시 말해 목숨만 붙어 있다 뿐이지 사형과 똑같은 처벌이었던 셈이다.

오늘날에는 이런 식의 추방이 불가능해졌지만, 여전히 자신이 속한 공동체에서 배제되는 일은 커다란 두려움으로 인식된다. 전 세계적으로 문제가 되고 있는 청소년 자살의 경우 '따돌림'으로 인한 우울증이 가장 큰 원인이라고 한다. 주위 사람들에게 인정받지 못하고 소속된 집단에서 배제된 경험은 자존감을 저하시키고 대인관계 자체에 공포감을 가질 정도로 심각한 외상 후 스트레스 장애를 일으킨다. 조직에서 부당한 일을 직접 당하거나 목격했을 때 참거나 모른 척하는 것도 이런 맥락에서 이해할 수 있다. 비겁하다고 손가락질받고 마음에 상처를 입더라도 소속된 집단에서 방출되지 않는 것이 더 낫다고 생각하는 것이다.

/// 스스로에게 너그러워져라 ///

오랜 시간 동안 집단에 적응하는 것이 곧 생존이었던 경험은 우리의 유전자 속에 남아 있다. 그렇기 때문에 현대인의 정신 속에 집단에서 추방되는 것에 대한 불안감이 뿌리 깊게 자리 잡고 있는 것은 어쩌면 너무도 당연한 일이다. 그러니 단번에 단호해지지 못한다고 스스로를 자책하지 말자.

문제의 원인을 자신의 나약함으로 돌리면서 상황을 악화시킬 필요는 없다. 앞에서 이야기한 것처럼 한계 설정의 어려움은 인류 진화에 따른 유산일 뿐이다.

그러므로 우리는 스스로에게 조금 관대해질 필요가 있다. 또 다시 타인에게 자신의 영역을 내주고 희생하며 과거와 같은 태도를 보인다고 해도 그것은 결코 패배가 아니다. 당신이 한계를 정해야 할 필요성을 절감하고 그에 합당한 방법을 쓸 준비가 되었을지라도, 끝내 당신의 영역을 양보하고 상대의 요구를 승인하는 경우가 있을 수 있다. 이런 일이 반복되어도 실패했다고 자책해서는 안 된다. 이 상황을 자기 자신을 들여다볼 수 있는 값진 기회로 받아들여야 한다. 자신에 대해 새롭게 인식하는 기회라고 말이다.

그리고 다음과 같은 질문을 스스로에게 던져 보자.

— **정확하게 무엇 때문에 끝내 굴복하게 되었는가?**

— **주변 상황은 나에게 어떤 영향을 주었는가?**

— **끝까지 단호한 자세를 유지하려면 무엇이 필요했을까?**

미국의 소설가 마크 트웨인은 "용기란 두려움을 느끼지 않는 것이 아니라 두려움에 저항하고 극복하는 것이다"라고 말했다. 단호한 자세를 취하려 할 때 내면에서 일어나는 두려움은 끊이지 않을 것이다. 우리가 할 수 있는 것은 두려움에 잠식되지 않고 이를 극복하기 위한 용기를 내는 일뿐이다.

Chapter 3

나는

단호해지기로 결심했다

모든 것을 당신 탓으로 돌리지 마라.

당신 잘못이 아니다.

그저 아무라도 비난하고 싶었던 그의 눈에

당신이 띄었던 것이다.

호감 가는 사람이 될 것인가, 행복한 사람이 될 것인가

"나는 나를 그린다.
왜냐하면 나는 내가 아는 가장 최고의 존재이기 때문이다."

- 프리다 칼로, 멕시코 서양화가

"제 한계가 어디까지인지 저도 모르는데, 어떻게 다른 사람에게 설명하고 지킬 수 있죠?"

단호하게 행동하기 어려운 것은 자신의 한계를 인지하고 한계를 정하는 일을 어디서 어떻게 시작해야 하는지 모르기 때문이다. 사람들은 나름대로 대응 방법을 고민하지만 어디까지 수락하고 어디서부터 거절해야 하는지 알지 못해 막막해한다.

그래서 나는 한계 설정을 처음 시작하는 이들에게 '중심 잡기'를 먼저 할 것을 권한다. 사회가 복잡해지면서 한계 초과를 유발하는 사회적 변수들이 더 다양해졌다. 이 변수들에 흔들리지 않으려면 내 안에 중심을 잡고 그 중심을 주변으로 울타리를 둘러야만 한다. 중심을 잡는다는 것은 자기 자신을 아는 것, 자신과 접촉하는 것, 자신을 믿고 자신이 존재하는 그 몸에 머무른다는 것을 의미한다. 중심 잡기 없이는 한계를 정할 수 없다. 어디에 중심을 잡고 얼마나 울타리를 확대하고 축소할지에 따라 자기 자신과의 교류나 타인과의 접촉, 세계와의 관계는 달라진다.

자신의 삶에 질서와 투명성을 부여하는 중심 잡기를 제대로 해내기 위해서는 스스로에게 삶의 태도에 관해 끊임없이 물으며 자신에 대해 알아야 한다. 마땅한 질문이 생각나지 않는다면 다음과 같은 질문을 던져 보는 것이 좋다.

— 나는 얼마나 강한가?
— 나는 무엇을 성취할 수 있는가?
— 나의 영향력은 어느 정도인가? 어떤 일에까지 영향을 줄 수 있는가?
— 나는 어디까지 책임을 질 수 있는가?
— 나는 너에게 어디까지 접근을 허용하는가?

세상을 나를 중심으로 바라보는 자세를 갖는 것이 바로 중심 잡기다. 중심 잡기가 한계 설정의 첫걸음이라는 말도 같은 맥락이다. 자신에 대해 알지 못하고 제대로 중심을 잡지 못한 사람은 늘 엉뚱한 곳에 가 있다. 자신의 영역이 아닌 엉뚱한 곳에 가서 자신을 지키려고 하니 고난을 겪을 수밖에 없는 것이다. 심한 경우 어떤 사람은 거리를 두고 싶어 하는 상대의 품에 제 발로 들어가는 경우도 있다. 무턱대고 한계 설정을 시도했다가 실패하는 이유가 여기에 있다. 제대로 된 중심 잡기가 선행되지 않으면 선을 긋고 단호하게 행동하고자 하는 노력은 모두 헛수고가 된다.

/// 중심 잡기를 방해하는 것들 ///

중심을 잡는 과정에서 '나에게 이렇게 집중해도 되나?', '나를 이렇게 높은 우선순위에 두어도 될까?'라는 불안이 싹틀 수도 있다. 자존감이 많이 손상된 사람들에게 자주 일어나는 현상이다. 낮은 자존감과 결합해 중심 잡기를 방해하는 몇 가지 상황들이 있다.

불완전한 내면과 마주하는 것에 대한 불안함 : 자신의 내면에 집중하다 보면 충족되지 않은 욕구와 부족한 모습을 알게 된다. 낮은 자존감은 이것을 고통과 결합시킨다. 자신의 불완전한 모습을 극대화해서 받아들이고 그것을 인지하는 것조차 두려워하게 만든다. 그래서 자신의 감정이나 욕구 같은 것들을 마음 깊은 곳에 숨기고 드러내지 않는다. 이 경우 사람들은 자신의 모습을 외면하는 것을 택한다. 그리고 자신을 돌보는 대신 다른 사람들을 돌본다. 다른 사람들을 보살핌으로써 불완전한 자신을 느끼는 상황에서 벗어나려는 것이다.

이처럼 자신에 대한 인지를 외면하는 태도는 때때로 무욕無慾 체념의 이상화, 타인에 대한 배려의 태도로 둔갑하기 때문에 문제 상황이라고 인식할 수 없게 만든다. 오히려 다른 사람들로부터 이런 행동에 대해 인정을 받을 수 있다. 그러면 사람들은 중심을 잡는 일보다 다른 사람의 욕구나 고통에 더 몰두한다.

자신의 몸에 대한 외면 : 자신의 몸에서 결함을 발견한 사람은 몸에 애착을 갖고 중심을 잡는 것을 어려워한다. 몸의 균형이 맞지 않거나 장애 또는 기형적인 몸을 가졌다 하더라도 자신의 몸에 관심을 갖는 것을 포기해서는 안 된다. 부정적인 모습을 외면하지 않되 균형 잡힌 인지를 하는 것이 중요하다. 중심을 잡는다는 것은 신체에 대해 안정적인 시선을 유지하고, 이상이 있는 부분에 신경을 몰두하는 대신 몸 전체에 고루 관심을 줄 수 있다는 것을 뜻한다.

눈에 띄는 결함이 있는 것은 아니지만 자신의 몸에 만족하지 못하는 사람들도 있다. 대부분 자신의 몸에 너무 가혹한 잣대를 들이대는 경우다. 다른 사람은 이 결함을 모를 때도 많으며 왜 몸을 외면하는지 이해하지 못한다.

사실 자신의 몸에 관심을 갖지 않는 사람은 없다. 다만 자신의 몸에 들이댄 잣대가 자신에게서 나온 것인지 아니면 다른 사람들이 어떻게 생각할지를 염두에 둔 것인지를 생각해 볼 필요가 있다. 낮은 자존감을 가진 사람일수록 자신의 외모를 수용하는 정도가 낮기 때문이다.

트라우마 : 고통과 폭력, 권리 침해와 결합된 트라우마는 현실을 제대로 인식하지 못하게 방해한다. 트라우마를 가진 사람들은 정서적으로 불안하고 자신을 사랑하지 못하며 마치 자신이 없어지기를 바라는 것 같은 태도를 취하는 경향이 있다. 어릴 때 겪은 성적인 학대나 물리적인 폭력이 원인일 수도 있고, 부모에게 버림받거나 친구들에게 거부당한 경험 같은

정신적인 폭력이 원인일 수도 있다. 이런 경우 사람들은 자기 인식에 장벽을 쌓음으로써 마주칠지도 모를 새로운 피해로부터 자신을 보호하려고 한다.

/// 자신을 우선순위에 두고 생각하도록 연습하라 ///

중심 잡기가 보다 수월하게 진행되려면 자신을 존중하고 있는 그대로의 나를 인정하며 사랑하는 자존감이 필요하다. 자존감은 '다른 사람의 판단과 관계없이 나 자신은 충분히 사랑받을 가치가 있는 사람'이라는 믿음이다. 자존감이 높으면 자신의 장점은 물론 단점도 분명하게 파악하고 받아들인다. 그래서 건강한 자존감을 가진 사람은 자신을 미워하거나 부끄러워하지 않는다. 자신을 비난하거나 무시하는 사람으로부터 상처를 받거나 자신의 약점을 공격하며 좌지우지하려는 사람에게 휘둘리는 경우도 적다. 자신에 대한 깊은 이해와 강한 애정을 바탕으로 스스로를 소중하게 여기기 때문이다.

자존감이 높은 사람은 습관적으로 희생하지 않는다. 무리한 요구 사항이나 어려운 상황에 직면했을 때 자신의 권리를 쉽게 포기해 버리지 않고, 다른 사람에게 득이 되거나 그들이 원하는 일을 먼저 하려고 하지도 않는다는 말이다. 그들은 언제나 자신의 중심을 지키고 자신이 훌륭한 대우를 받을 자격이 있다는 것을 안다.

영화 〈미라클 벨리에〉에서 주인공 폴라의 아버지 로돌프는 청각 장애인이다. 듣지도 말하지도 못하지만 아내와 딸, 아들과 함께 농장을 운영하고 시장에 치즈를 내다 팔며 성실히 삶을 꾸려 간다. 그런데 어느 날 갑자기 그가 시장 선거에 출마하겠다고 선언한다. 마을 복지에 관심 없는 시장 후보에 맞서기 위해서다. 정치에 크게 관심도 없던 데다가 장애까지 있는 아빠가 선거에 입후보한다고 하자 폴라는 다시 생각해 보는 게 어떠냐고 말한다. 딸의 걱정에 로돌프는 이렇게 대답한다. "내가 소리를 못 듣는 건 내 장애가 아니야. 그건 나의 정체성이야."

나 자신도 존중하지 않는 나를 존중해 줄 사람은 없다. 자신의 부족한 모습을 받아들이고 스스로를 존중할 때만이 자신에게 걸린 마법을 풀 수 있다.

건강한 자존감을 가지고 중심을 잡는 사람은 자기 자신의 관점으로 세계를 인지하고 자신만의 고유한 위치를 세운다. '행복을 그리는 철학자'로 불리는 작가 앤드류 매튜스는 "당신은 다만 당신이라는 이유만으로 사랑과 존중을 받을 자격이 있다"고 말했다. 우리가 우리의 관심사에 집중하고 우리 자신을 보호하며 스스로를 우선순위에 놓는 것을 두려워할 필요가 하나도 없는 것이다.

자존감을 높이는 아주 간단한 방법을 하나 소개하고자 한다. 정신분석 전문의이자 심리학과 교수인 닐 라벤더와 알란 카바이올라가 추천한 방법인데, 의식적으로 시간을 따로 마련해 매일 좋아하는 일을 하는 것이다. 대단하고 멋진 일들이 아니라 실천하면 기운이 나고 우리를 편안하게 해 주는 일들이면 된다. 혼자서 할 수 있는 간단하고 단순한 것일수록 좋다. 그들이 추천하는 일은 이런 것들이다.

— 신문이나 좋아하는 잡지를 읽는다.
— 출근길에 커피나 차를 마시거나 잠깐 시간을 내서 아침을 먹는다.
— 무엇이든 당신이 원하는 TV 프로그램을 시청한다.
— 잊고 있던 취미 생활을 할 수 있도록 시간을 낸다.

다른 사람을 배려하고 나의 이익보다 다른 사람의 이익을 먼저 생각하는 것에 익숙한 사람이라면 이런 작은 행동조차 낯설 것이다. 그러나 커피 한 잔 마시는 사소한 일이라도 매일 꾸준히 자신을 우선순위에 두는 훈련을 한다면 어느 상황에 서라도 스스로를 돌보는 것에 익숙해질 것이다. 잊지 말자. 자신을 소중하게 여기고 더 나은 대우를 받을 자격이 있다고 생각하는 사람만이 자신을 위협하는 것으로부터 단호하게 인생을 지킬 수 있다.

쓸데없이 걱정하는 습관에서 자유로워지는 법

"걱정해도 소용없는 것으로부터 자기를 해방시켜라! 그것이 마음의 평화를 얻는 가장 가까운 길이다."

– 데일 카네기, 『카네기 행복론』

내 안에 중심을 잡은 다음에 해야 할 일은 중심을 보호하는 울타리를 두르는 일이다. 울타리는 정신의 영역과 소통의 영역 두 군데에서 필요하다. 먼저 정신 영역에서 울타리를 두른다는 것은 무엇일까? 간단히 말해 입장을 분명히 하는 것이다. 예를 들어 각자 놓인 상황을 검토하면서 무엇이 나에게 해당하고 무엇이 무관한지 판단하고 상대의 접근을 어느 정도로 허용할지를 생각해 보는 것이다. 어떻게 하면 가장 이상적인 한계를 지킬 수 있는지, 우리의 구역을 얼마나 확장할 수 있을지에 대해서 생각하는 것도 같은 맥락이다.

/// 나는 생각이 너무 많아 ///

우리는 직접 도전하고 부딪쳐서 깨달음을 얻는 것보다 머릿속으로 전략을 짜고 모든 경우의 수를 고려해서 안전한 선택을 하는 것을 더 선호하는 사회에 살고 있다. 정신과 생각에 더 높은 가치를 두는 사회 분위기 때문에 감정과 신체는 평가절하되어 제대로 발달하지 못하고, 많은 사람들에게서 생각이 흘러넘치는 현상이 나타난다.

나의 상담실을 찾는 사람들도 사소한 것 하나 그냥 넘기지 못하는 사람, 아직 일어나지도 않은 일을 걱정하는 사람, 최악의 사태를 상상하며 지레 겁을 먹는 사람 등 들끓는 생각들로 고통을 받는 사람들이 적지 않다.

생각은 한계를 모른다. 그래서 상상을 통해 현재 상태에서 벗어나 가능한 발전을 미리 맛보고 어떤 조건에서 무슨 일이 닥칠지 예측한다. 만약 생각에도 한계가 있다면 늘 똑같은 생각만 하고 도전이나 발전이라고는 모를 것이다. 우리가 현실의 모든 일을 직접 체험할 수는 없으니 상상으로 실험적 행위를 연출하고 대안을 세우는 것은 중요한 일이다.

그러나 생각이 현실과 분리되어 독립적으로 활동하면 문제가 발생한다. 사실과 정보, 의도와 목표에 상관없이 생각이 사방으로 뻗어나가 현실감을 잃기 때문이다. 발표를 맡으면 발표 내용의 완성도와 상관없이 혹시 발표를 하다가 사람들 앞에서 멍청한 말을 하지 않을까 걱정하고, 남편의 퇴근이 늦어지면 무슨 일이 일어난 것이 분명하다고 불안해하며, 비행기를 탈 때마다 비행기가 갑자기 추락하지는 않을까 두려워하는 일들이 바로 그런 생각들이다. 이런 걱정이나 불안은 합리적으로 따져 볼 만한 성질이 아닌 그저 비이성적인 생각의 발산이다.

통제를 벗어난 생각은 너무도 쉽게 삶의 실체에서 멀어지고 삶과의 연관성도 잃어버린다. 우리와 전혀 관계없는 문제를 만들어 내기도 하고 쓸데없는 걱정을 양산해서 눈앞에 놓인 과제를 해결하는 것을 방해하기도 한다. 결국 무의미한 일에 매달리느라 정작 중요한 문제를 지나치게 만드는 것이다. 우리가 생각에도 한계를 정하고 통제해야 할 필요가 바로 여기에 있다.

/// 의식적인 생각인가, 습관적인 걱정인가? ///

그렇다고 생각 자체를 하지 말라는 것은 아니다. 뇌가 하는 일이 생각하는 것이기 때문에 생각을 멈추는 건 거의 불가능한 일이다. 요지는 생각을 할 때 의식을 담으라는 것이다. 내가 주체가 되어 생각을 하고 있는지, 생각이 생각을 하고 있는 것은 아닌지 알아야 한다는 말이다.

생각에 대한 의식을 갖기 위해서는 외부의 관점에 서서 생각을 바라볼 필요가 있다. 먼저 자신의 생각과 일정한 거리를 둔 다음에 마치 다른 사람의 머릿속을 들여다보듯 의식적으로 생각을 관찰하는 것이다. 이런 행동이 선행될 때 생각에게 구체적으로 명령하고 목표와 방향을 설정해 주는 것이 가능해진다.

/// 이 생각의 주인이 내가 맞는가? ///

자신의 생각과 느낌, 신체 상태가 무척 복잡할 때 아주 간단한 물음을 제기함으로써 그 부담을 줄일 수 있다.

— 그것이 나의 생각인가?

— 그것이 나의 느낌인가?

— 그것이 나의 신체 상태인가?

질문을 던짐으로써 매몰되어 있던 생각에서 빠져나와 자신의 생각과 느낌, 신체 상태가 다른 생각에 전염된 것은 아닌지 확인할 수 있다. 당신이 민감한 사람일수록 주변 사람들의 생각과 느낌, 신체 상태에 더 많은 영향을 받을 것이다. 아침에 지하철을 탈 때는 아무 생각이 없다가 출근해서 동료가 "출근하자마자 집에 가고 싶다"라고 말하면 자신도 덩달아 일하기 싫어졌던 경험이 있지 않은가? 방금 전까지는 즐겁게 근무할 생각을 했는데도 말이다. 이런 상황이 당신이 동료의 생각에 쉽게 전염된 것이라고 볼 수 있다.

이렇게 부정적인 감정이 들었다면 다음과 같은 질문들을 던져서 생각이 제멋대로 흘러가지 않도록 붙잡아 두자.

— 의식과 의지를 가지고 스스로 생각하고 있는가?

— 생각한다고 느낄 때 생각의 주체는 누구인가?

— 뇌에서 저절로 생각이 이루어지고 있는 것은 아닌가?

— 지금 머릿속을 채운 생각은 누구의 생각인가?

처음에는 자신의 생각에 주목하는 일이 익숙하지 않기 때문에 생각이 갑자기 중지되는 것 같은 느낌을 받을 수 있다. 그러나 조금 있으면 생각은 다시 시작되니 너무 걱정하지 않아도 된다. 자신의 생각에 주목하면 생각이 갈피를 못 잡고 흩어지고 있는 것은 아닌지, 이미 지난 일을 보내 주지 못하고 계속 붙잡고 있는 것은 아닌지, 제자리에서 원을 그리고 있는 것은 아닌지 알 수 있다.

당신이 무엇을 어떻게 생각하는지 알게 되면 자연스럽게 생각을 하면서 자신을 돌아보게 된다. 그리고 이 과정을 거치고 나면 출처를 알 수 없는 온갖 걱정들로 고통받는 대신 '내 생각'이라고 자신 있게 말할 수 있는 의견을 갖게 될 것이다.

/// 우리를 좀먹는 오지랖 ///

온 가족이 마티아스를 걱정했다. 마티아스가 계속 이런 식으로 학교생활을 하다가는 대학 입학에 필요한 고등학교 졸업 자격시험인 아비투어Abitur에서 좋은 성적을 기대할 수 없었기 때문이다. 부모님은 끊임없이 낮은 성적이 큰 문제라고 말했고 마티아스의 인생이 당장이라도 실패한 것처럼 걱정했다. 마티아스의 누나인 코리나 역시 마찬가지였다. 코리나는 제 학교 공부도 시원찮은 마당에 부모님과 똑같이 마티아스의 문제에 참견했다. 남자친구를 만나서도 자신이 얼마나 마티아스를 걱정하고 있는지에 대해 이야기하느라 바빴다. 남자친구가 그런 참견은 바람직하지 않다고 말하자 코리나는 분개하며 자신은 마땅히 누나로서 해야 할 걱정을 했을 뿐이라고 반박했다. 이 때문에 남자친구와의 관계는 안 좋아졌고 주변 사람들을 걱정시키는 마티아스가 미워졌다.

현실과 관계없는 생각 중 하나는 다른 사람 일에 대한 지나친 걱정이다. 다른 사람이 어떤 문제 상황에 있다고 느끼면 애석하게 생각하고 연민을 느끼는 사람들이 있다. 이들은 어려움에 처한 사람들을 외면할 수 없다며 그들에게 도움을 주고 싶어서 끊임없이 그들의 주위를 맴돌며 간섭한다. 그러나 '반드시 해야 할', '마땅히'와 같은 마음에서 나온 생각은 정말 도움이 되는 조언보다 불필요한 근심 걱정인 경우가 더 많다.

사실 마티아스는 자동차 정비공이 될 생각이어서 시험 성적보다는 실기 평가에 더 신경을 쓰고 있었다. 외국어나 수학

성적은 정비공이 되는 데 큰 영향을 끼치지 않기 때문이다. 낮은 성적을 큰 문제로 만든 것은 자식이 무조건 아비투어를 통과해야 한다는 부모의 생각이었다. 그러나 중요한 것은 마티아스가 자신에게 맞는 진로를 선택하고 행복해지는 것이다. 아비투어를 통과하지 않으면 행복해질 수 없다는 생각은 부모와 코리나의 생각일 뿐이다. 마티아스의 인생 계획에 마티아스의 판단을 배제시키다니 얼마나 아이러니한 일인가.

이런 맥락에서 볼 때 생각에도 '신발털이개'가 필요하다. 길거리의 먼지를 털어 주는 신발털이개나 현관 발판처럼 집 안에 들어설 때 생각을 털어 주는 솔을 상상해 보자. 이때 솔은 당신과 관련 없는, 당신에게서 시작된 문제가 아닌 것들을 털어 내는 기능을 한다. 가령 쇼핑을 하고 돌아올 때나 퇴근할 때 당신은 무엇을 집에 들이고 싶은가? 또 무엇을 밖에 두고 싶은가? 하루의 일과를 마치고 저녁에 휴식을 취할 때 이런 생각으로 선을 그어 보자. 이것이 습관이 되면 불필요한 걱정들을 차단할 수 있을 것이다.

/// 요청받지 않은 도움은 환영받지 못한다 ///

우리가 우리의 영역을 보호받기 위해서는 먼저 다른 사람의 영역을 보호해 줘야 한다. 상대의 권한과 책임, 한계를 고려하지 않고 자신의 생각을 고집하면 끝없는 갈등에 휩싸이며 계속해서 새로운 문제를 만들어 낼 뿐이다.

평소 오지랖이 넓다는 말을 들었거나 사서 고생한다는 말을 들은 적이 있다면 다른 사람이 도움을 요청할 때까지 기다리는 습관을 들이도록 하자. 모든 사람은 자신의 상황에 대한 나름대로의 판단을 가지고 있다. 다른 사람 일에 지나치게 관여하는 것은 나의 한계는 물론이고 상대방의 한계도 넘게 만드는 일이다.

상대가 도움을 요청하는 것을 수줍어하고, 자신이 윗사람이거나 가까운 사람으로서 먼저 손을 내밀어야 한다는 생각이 들어도 흔들리지 말아야 한다. 무작정 참는 것이 어렵다면 문제의 수를 제한하는 것도 좋은 방법이다. 다른 사람의 일을 도와주거나 관심을 갖는 것을 한 번에 3개로 제한하는 것이다. 그리고 여러 가지 일이나 상황에 대해 시간과 능력을 얼마나 투자해도 되는지 냉정하게 바라보도록 하라. 행동으로 옮기기 전에, 다른 사람의 일에 관여하기 전에 자신의 상태를 확인하면서 객관적인 상황 판단을 해야 한다.

프랑스의 저명한 심리학자인 안 안설렝 슈창베르제의 말이 도움이 될지도 모르겠다. "충고해 달라고 부탁하지 않은 사람에게 충고하지 않도록 주의하자. 이 충고가 당신에게는 적절한 것일지 모르지만, 다른 사람에게도 적용될 수 있다고 보장할 수 있는 것은 아무것도 없다."

나에게 가장 편안한 최적의 거리를 찾는 연습

"사람을 대할 때는 불을 대하듯 하라.
다가갈 때는 타지 않을 정도로,
멀어질 때는 얼지 않을 만큼만."

- 디오게네스, 고대 그리스 철학자

단호하게 행동하고 싶다면 먼저 단호하게 생각해야 한다. 말하지 않아도 생각은 상대에게 전해지기 때문이다. 이것은 능숙하게 한계를 정하는 방법일 뿐만 아니라 단호한 모습을 보여 주는 데도 효과적이다.

만약 정신적으로 분명한 한계를 설정하지 못해 생각이 불투명하고 우유부단하다면 이것 역시 상대에게 전달된다. 상대에게 얼마만큼의 접근을 허용할지 스스로 얼마나 멀리 나갈지를 모르거나, 무엇을 허용하고 무엇을 허용하면 안 되는지 명확한 기준을 세우지 않은 사람은 그 불확실성과 불안정성 그리고 주저하는 마음과 흔들리는 생각을 숨길 수가 없다. 이렇게 나약한 심리 상태는 상대방에게 자신의 구역을 침범해도 좋다는 유혹으로 보일 수 있다. 침범할 의지가 없는 사람들도 이런 사람들 앞에서는 쉽게 한계를 침범해 온다. 한계를 정확하게 보여 주지 않아서 그들이 얼마나 나가도 되는지, 얼마나 멀리 떨어져서 거리를 두어야 하는지 알 수 없기 때문이다. 그러므로 관계를 맺을 때 가장 중요한 것은 자신의 한계를 확실하게 인지하고 표현할 줄 아는 분명한 태도다.

/// 완전 개방과 완전 폐쇄 사이의 균형점 ///

우리가 단호한 태도에 대해 오해하는 것 가운데 하나는 완전 개방과 완전 폐쇄 중 한쪽의 입장을 선택해서 그 입장을 고수해야 한다고 생각하는 것이다.

그레타는 친구들을 저녁 식사에 초대하는 것을 좋아했다. 그러나 요즘은 친구들과 어울리는 일이 뜸해지고 초대를 하지도 받지도 않게 되었다. 친구들을 부르면 그다음 날은 완전히 녹초가 될 각오를 해야 했기 때문이다. 초대받은 친구들은 밤늦도록 돌아갈 줄을 몰랐고 이튿날 아침에 평소처럼 일찍 일어나 출근한 그레타는 몸이 너무 무거워서 일에 집중할 수 없었다. 일할 의욕이 사라지고 업무 능력도 떨어지는 느낌을 받았다. 친구들의 집에 초대받을 때도 마찬가지였다. 그레타는 업무에 지장을 주지 않기 위해 사람들과 어울리는 일을 의도적으로 피했다. 그런데 그렇게 되자 삶이 재미없고 우울해졌다.

그레타는 자신의 선택이 너무 극단적이었다는 사실을 깨달았다. 그녀는 다시 친구들을 집에 초대했다. 단, 이번에는 끝나는 시간이 정해진 파티였다. 모임이 끝날 때가 되면 그레타는 분위기에 맞게 음악을 틀고 친구들과 함께 이별의 노래를 들었다. 여기에 익숙해진 친구들은 그레타가 이번에 찾아낸 노래가 얼마나 멋진 곡인지 감탄하며 마를레네 디트리히의 〈헤어질 때 누가 울까요?〉 같은 노래를 들었다. 모임이 끝난 후 친구들 중 일부는 술집 한 군데를 더 들렀다. 그 사이에 이것도 전통이 되어 버렸다.

자신을 아끼고 자신의 한계를 지키기 시작하면 그 전에는 어쩌지 못해 갈팡질팡했던 문제들에 답을 얻게 된다. 그레타의 경우 더 이상 사람들과의 만남을 피하지 않고 계속 교류를 유지할 수 있었을 뿐 아니라 오히려 관계를 더 돈독하게 만들었다. 이미 만들어진 관계를 받아들이느냐 거부하느냐 선택만 하는 '수동적'인 입장에서 직접 관계를 만들어 나가는 '적극적'인 입장으로 변했기 때문이다.

친구들도 그레타를 보는 눈이 달라졌다. 과거에는 내성적이고 평범한 사람이라는 평을 받았는데 이제는 독특한 개성을 가진 매력적인 여자로 보았다. "네가 그레타와 저녁 시간을 보냈다는 말을 벌써 세 번째 듣는데, 나에게도 소개해 주지 않을래?"라는 말이 나올 정도였다. 게다가 그레타가 상대의 마음이 상하지 않는 선에서 자신이 원하는 것을 추구하는 것이 가능하다는 것을 보여 줌으로써 친구들 역시 자신을 지키는 일에 동참하도록 만들었다.

완전 개방과 완전 폐쇄 사이에는 각각의 관계와 상황에 걸맞은 세심하게 구별된 선택지들이 무수히 많다. 단호한 사람들은 자신의 능력에 대한 정확한 이해를 바탕으로 관계마다 차별화된 적합한 태도를 보인다. 어떤 관계든지 허용되는 모든 선은 개인적이고 주관적이며 상대적이다. 그러므로 개별적인 관계와 상황에 따라 얼마나 개방적이고 폐쇄적이냐 하는 문제는 우리 마음속 잣대에 달린 문제라고 볼 수 있다. 개방과 폐쇄 사이의 균형점을 찾아야 단호함의 초석을 마련할 수 있을 것이다.

/// 누구를 어디까지 초대할 것인가? ///

정원이 딸린 널찍한 집에 사람들을 초대한다고 상상해 보자. 굳이 대문 안으로 들이고 싶지 않은 사람은 누구인가? 정원까지만 초대하고 싶은 사람이 있는가? 현관을 통과해도 되는 사람은 누구인가? 거실에 들어와도 상관없는 사람은? 식당이나 주방까지 들어오는 것을 허용할 수 있는 사람이 있는가? 또 2층에 올라가도 되는 사람은 누구인가? 당신의 서재나 침실에 들어가도 되는 사람은?

이렇게 생각해 보면 사람에 따라 우리의 한계가 변하는 것을 알 수 있다. 단호한 사람들은 같은 회사 동료라도 동료마다 신뢰의 정도가 다르고 기댈 수 있는 여지를 다르게 설정한다. 동료들이 가지고 있는 역량과 그들과 맺은 관계의 역사가 다르기 때문이다.

아리송해서 한 번에 대답을 못하겠는 사람이 있다면 천천히 여러 번 다시 생각해 보면 된다. 이렇게 생각하는 연습에 익숙해지면 상대를 대하는 당신의 태도는 분명해지고 더 빠르고 확실하게 각각의 상황에 맞는 반응을 보일 수 있으며 그에 걸맞은 신호를 보내게 될 것이다.

시행착오를 거듭하며 여러 경우의 수를 쌓는 것도 방법이다. 다양한 상황에 대한 경험이 쌓이면 자신이 취약한 유형에 대해 파악할 수 있고 예방할 수 있는 자신만의 해결책을 고안하게 된다.

상상만 하는 것이 어렵다면 글로 써 보는 것도 좋다. 일상에서 자주 만나는 사람들, 가족이나 직장 동료들의 이름을 쓰고 그들과 어떤 면에서 가까워지고 어떤 면에서 거리를 두고 싶은지 쓰는 것이다. 평소 나를 힘들게 했던 사람이 있다면 더 이상 참을 수 없다고 생각한 그의 행동을 적고 참지 않겠다는 강한 결심을 하는 것이 좋다.

'인생의 성공 여부가 온전히 개인에게 달려 있다'는 오프라이즘Oprahism의 주인공 오프라 윈프리는 "자신에게 맞는 건강한 경계를 정해 놓지 않으면 사람들은 당신의 욕구를 무시하게 된다"고 말했다. 우리가 단호해지려고 하는 근본적인 이유는 우리의 삶을 스스로 결정하기 위해서다. 주저하지 말고 흔들리지 않는 분명한 태도로 한계를 설정하자.

그 어떤 순간에도
남의 짐을 대신 짊어지지 마라

"사람 사이는 나라 사이처럼 서로의 권리를 존중할 때 평화가 온다."

- 베니토 후아레스, 멕시코 정치가

/// 도대체 왜 나의 책임에는 끝이 없는가 ///

사업가로 성공한 프랑크는 다음 사업을 시작하기 전까지 재충전의 시간을 갖기로 결심했다. 운영하던 회사는 좋은 조건에 다른 회사에 넘겼고 늘 바랐던 대로 외국의 어느 섬으로 가서 휴가를 보낼 계획을 짰다. 그러나 상황은 의외로 전개되었다. 그가 더 이상 차를 가지고 매일 출근하지 않는다는 것을 알게 된 한 친구가 틈만 나면 차를 빌려 달라고 졸랐던 것이다. 그리고 차를 가지러 올 때마다 자신의 사업 아이템에 대해 자문을 구했다. 처음엔 선뜻 차도 빌려주고 아이템에 대한 조언도 해 주었지만 차를 빌리는 용건이 마트에 가는 것에서 다른 지역으로 여행을 가는 것으로 바뀌고, 아이템에 대한 조언이 시장 조사와 경쟁 아이템 분석으로까지 이어지자 프랑크는 더 이상 안 되겠다고 생각했다. 그래서 하루는 차를 빌리러 집으로 오겠다는 친구의 말에 선뜻 대답하지 않고 주저하는 내색을 보였다. 그러자 친구는 "어차피 차 쓸 일도 없으면서, 차고에 있는 차를 빌려주는 게 그렇게 힘든 일이야? 그리고 새로 사업을 시작하는 친구를 위해 이 정도는 해 줄 수 있는 거잖아"라고 말하며 프랑크를 형편없는 인색한 사람으로 몰아갔다.

모든 책임을 남의 탓으로 돌리는 데 능숙한 사람들에게 맞서기 위해서는 먼저 내 안에 중심을 제대로 잡고, 다른 사람의 욕구만큼 나의 욕구도 소중하다는 마음을 가지고 정신적으로 선을 그어야 한다. 파리에서 심리 치료사로 활동하고 있는 이사벨 나자레 아가는 자신의 책 『나는 왜 맨날 당하고 사는 걸까』에서 이런 사람들에 대항해 흔들리는 마음을 붙잡고 선을 긋는 방법을 소개했다. 그 방법은 이런 상황이 발생할 때마다 "내가 정말 친절하지 않은 사람인가"라고 자문하는 것이다. 그리고 그 질문에 답하기 위해 다음과 같은 추가적인 질문을 던져야 한다. 내가 다른 사람들을 위해 '친절한' 일들을 얼마나 하는가? 자주 그런 행동을 하는가? 내 욕구나 필요가 그의 욕구보다 덜 중요한 걸까? 그는 평소에 나를 위해 어떤 친절을 베푸는가?

이 질문에 답하다 보면 나의 책임과 너의 책임을 구분할 수 있다. 친구가 새 사업을 시작하기로 한 것은 그의 선택이 아닌가? 그의 사업이 내가 책임져야 하는 일인가? 쉬고 싶어서 사업을 그만둔 것이니 나 역시 나만의 시간을 누릴 권리가 있지 않은가? 설령 내가 그저 놀고 있는 것일지라도 내 시간을 내가 원하는 대로 쓸 수 있게 존중받아야 하는 것 아닌가?

그렇다고 하나하나 따져 가며 주변 사람들을 위해서 친절을 베풀지 말라는 말이 아니다. 우리가 해 줄 수 있는 일은 기꺼이 해 주어야 한다. 다만 일방적이거나 나의 정신적, 신체적 한계를 넘어서까지 친절을 베풀 필요는 없다는 말이다. 이미 저렇게 말하는 사람들은 자신들의 욕구만 중요하게 생각하지 당신의 욕구는 안중에도 없는 사람들이다. 자신의 한계만큼 다른 사람의 한계를 존중하지 않는 사람의 말에 흔들리지 마라. 그들이 바라는 것은 당신의 친절이 아니라 당신을 희생시키면서까지 자신의 욕구를 충족시키는 것이다.

/// '네가 일을 망쳤어'라는 비난에서 벗어나라 ///

책임을 전가당하는 또 다른 경우는 결과가 좋지 않을 때 잘못된 결정을 내렸다며 비난받는 것이다. 당신이 회사 워크숍 기획을 맡았다고 가정해 보자. 각 팀의 업무 일정과 월말 마감 일정 등 여러 가지 요소를 고려하여 워크숍 날짜를 잡았는데, 그날 아침이 되자 비가 왔다. 당신은 어떻게 반응할 것 같은가? 혹시 '하필 날을 잡아도 이런 날을 잡다니! 난 정말 제대로 하는 일이 하나도 없어'라고 생각하지는 않는가?

모든 것을 당신 탓으로 돌리지 마라. 당신은 전지전능한 신이 아니다. 그런 것은 당신의 능력으로 해결할 수 없는 것이다. 스스로를 자책하며 내 것이 아닌 짐을 짊어져 봤자 우리 자신만 힘들다. 어떤 결정이 좋을지 선택 시점에서 미리 알 수 있었는지, 발생한 문제가 내가 결정을 내리기 전에 일어난 일인지 아니면 결정을 내린 후에 일어난 일인지를 따져 보면 일이 잘못된 것이 모두 당신의 책임만은 아니라는 것을 알게 될 것이다.

모든 조건을 통제하는 상황에서 완벽한 선택을 하는 일은 많지 않다. 돌발 상황이 발생할 가능성은 어디에나 있다. 결정을 내릴 때는 어쩔 수 없이 위험 부담을 안고 가야 한다. 만약 누군가가 이런 사실은 무시하고 제대로 예측하지 못해서 일을 망쳤다고 당신을 비난한다면 다음과 같이 말하자. "당신은 이런 문제가 생길 것을 알고 있었나요? 알고 있었다면 왜 내게 그걸 미리 알려 주지 않았나요?" 문제가 발생한 후에 결과론적인 비난은 문제 해결에 아무런 도움도 주지 못한다. 그는 그저 책임을 물을 누군가가 필요한 것이고 당신이 운 나쁘게 걸린 것뿐이다. 당신의 잘못이 아니다. 그저 아무라도 비난하고 싶었던 그의 눈에 당신이 띄었던 것이다.

/// 괜찮아질 거라고 생각해 봤자 괜찮아지지 않는다 ///

이럴 때 단호하게 이것은 나의 잘못이 아니라고 생각하지 않으면 타인의 비난은 상처가 된다. 괜히 갈등을 만들고 싶지 않은 마음에, 혹은 사람들이 자신을 까다로운 사람으로 생각할지도 모른다는 두려움에 '이번 한 번은 그냥 넘어가자'라고 생각할지도 모르겠다. 그러나 제대로 돌보지 않은 상처는 우리 마음속에서 곪아 버리고 상처가 심해지면 다 놓고 도망가 버리고 싶은 부작용이 생긴다.

직장에서나 사회에서 감정을 숨기고 잘 통제하는 것이 미덕이 되다 보니, 인간의 정신적 상황을 묘사하는 감정은 완전히 무시되곤 한다. 심심치 않게 아주 이성적인 생활을 하다가 갑자기 감정을 감당하지 못하고 만사를 그르치는 사람들의 이야기가 들려오는 것은 이 때문이다. 평소에 무시당하고 억압당한 감정이 한꺼번에 폭발하면 이런 일이 생긴다. 성실한 남자가 갑자기 아내와 자녀의 곁을 떠나 산으로 들어가기도 하고, 열심히 일만 해온 성공한 여성 사업가가 휴가지에서 만난 젊은 남자와 사랑에 빠져 전 재산을 넘겨주거나 보증까지 서기도 한다.

감정이 오랫동안 한계를 넘으면 이런 식으로 파멸에 이를 수도 있다. 사람은 무언가를 억제하기 시작하면 그것을 제대로 다루는 법을 점점 잊어버린다. 결국 더 이상 억누를 수 없을 때 폭발하는 것 외에는 제대로 된 대처 방안을 찾을 수 없게 된다.

친절을 강요당한 기분, 나만 손해 보는 것 같은 느낌, 타당하지 않은 비난, 언짢은 행동 등을 쳐내지 못하면 그 감정들은 사라지지 않고 점점 더 커지기만 한다. 시간이 지나면 잊어버리고 괜찮아질 거라는 바람은 너무 순진한 것이다. 앞에 언급한 이야기들의 주인공처럼 결국 우리도 오래 묵혀서 독성이 생긴 감정에 휘둘리고 지배당하게 될 것이다.

삶 곳곳에서 우리는 우리의 어깨 위에 나의 짐이 아닌 것을 올려놓으려는 사람들을 만나게 된다. 이럴 때 선을 긋고 짐을 받지 않겠다는 단호한 마음을 잃지 말아야 한다. 단호해진다는 것은 불친절하고 비인간적이며 제 잘못도 모르는 뻔뻔한 사람이 된다는 뜻이 아니다. 나 자신을 지켜야 한다는 판단이 들 때 스스로를 지키는 방법을 안다는 뜻이다.

시끄러운 세상에서 표정, 제스처, 태도로 관계를 바꾸는 기술

"사람들이 영향력을 포기하는 가장 흔한 이유는
자신에게 아무런 영향력도 없다고 생각하기 때문이다."

- 앨리스 워커, 미국 소설가

정신을 단호하게 무장했다면 이제 소통 영역에서도 단호한 태도를 갖춰야 한다. 이번 장과 다음 장에서는 비언어적 메시지와 언어적 메시지를 통해 단호함을 표현하는 방법을 이야기할 것이다.

다른 사람들과 함께 있을 때 굳이 말을 하지 않아도 표정이나 제스처, 태도만으로 소통이 되는 경우가 있다. 이런 비언어적인 표현 수단도 충분한 의사 전달 기능을 가지고 있기 때문이다. 그런데 우리 대부분은 의사소통 속에서 표정과 제스처, 태도를 의식적으로 동원하는 법을 충분히 배우지 못했다. 그래서 처음 말하려 했던 것과 다른 것을 표현할 때도 있고, 자신이 무슨 표현을 한 것인지 전혀 알지 못할 때도 있다. 이런 점에서 비언어적 소통의 '어휘'가 부족한 사람이 많다.

한계에 대한 신호를 보내고 싶어도 신체 표현은 적합한 행동을 찾지 못하고 뻣뻣이 서 있는다. 어쩌면 전달하고 싶은 내용과 관계없이 전부터 몸에 익은 습관대로 행동할지도 모른다. 더 큰 문제는 '여기까지, 더 이상은 곤란합니다!'라는 우리의 경고 메시지와 상반된 표현을 할 때도 있다는 것이다. 그러면 자신의 의도와 표현이 모순된 이중 메시지를 전달하게 된다.

/// 첫 번째 메시지 '표정'
: 무성 영화에는 말이 아닌 의미심장한 표정이 있다 ///

선을 긋는 것에 익숙하지 않을 때, 나는 단호한 입장을 취하면서 친절한 미소를 짓는 경우가 아주 많았다. 내가 겪고 있는 내면의 갈등 때문에 불안하고 당혹스러웠기 때문이다. 한편에는 상대의 마음에 들고 싶은 바람과 함께 상대에게 거절당하거나 상대를 완전히 잃어버리지나 않을까 하는 불안이 있었고 다른 한편에는 선을 긋고 싶은 욕구가 있었다. 이런 내면의 갈등과 불안감이 미소를 짓게 만든 것이다.

그러나 이것은 상황을 악화시키는 일이다. 우리가 선을 그을 때 미소를 짓는다면 상대에게 이중 메시지를 전달하게 된다. 미소는 좀 더 가까이 다가오라는 접근을 허용하는 의도로 비치는 데 반해 우리가 하고 있는 말은 그 반대의 내용을 담고 있기 때문이다. 입에서 나온 말보다 표정이 더 강렬한 인상을 줄 때, 단호해지려는 시도는 절대 의도한 결과로 이어지지 않는다.

그렇다고 선을 그으려다가 관계를 아주 망치고 싶은 것이 아니라면 다른 사람과 대화를 할 때 한 번도 미소를 짓지 않거나 계속 싸늘한 시선을 보내는 것은 어리석은 방법이다. 관계를 해치지 않으면서 적절한 선을 긋고 싶다면 사무적인 표정을 짓는 것이 적당하다. 당신이 지을 수 있는 표정 목록에서 사무적인 표정이 빠져 있다면 그런 표정을 익히기 위해 연습을 하고 효과가 있는지 시험을 해 봐야 한다. 훈련의 기회는 널려 있다. 내일 아침 먹을 빵을 살 때 표정에 드러나는 미소의 양을 조절해 보라. 평소보다 미소를 반으로 줄였을 때 빵집 점원의 반응은 어떤가? 또다시 반으로 줄였을 때는? 상대의 기분을 나쁘지 않게 하면서도 만만해 보이지 않는 표정을 찾는 것이 중요하다.

물론 미소는 바람직한 것이다. 그러나 미소는 한결같이 얼굴에 달고 다닐 때가 아니라 필요한 상황에서 이따금 보일 때 한층 더 값지다. 많은 사람들이 이제까지 오로지 입을 늘어뜨리는 미소밖에 몰랐기 때문에 미소에도 다양한 종류가 있다는 것을 오랫동안 잊고 지냈다. 비굴한 미소가 있는가 하면 자신의 이익을 늘리기 위한 영악한 미소도 있고 기계적인 미소, 마음에서 우러나는 미소, 주도권을 잡으려는 의도에서 나오는 자신감 있는 미소도 있을 것이다. 거울 앞에 서서 친절한 단계부터 중립적인 태도를 거쳐 진지한 태도에 이르기까지 변화무쌍한 미소를 연습해 보라. 가령 미소를 짓지 않으면서 기쁜 일에 대해 생각해 보는 것이다. 그러면 당신의 얼굴과 눈빛에 미소가 담길 것이다. 그런 다음에는 쌀쌀한 빛을 내보이지 않으면서 사무적인 얼굴 표정을 지어 보라. 상대에게 한계에 대한 신호를 보내면서 동시에 그에게 좋은 인상을 잃지 않는 방법은 얼마든지 있다.

표정으로도 진지한 태도를 드러낼 수 있고 선을 그을 수도 있다. 당신이 한계를 정하고 싶을 때는 그때그때의 상황에 맞게 얼굴 표정을 바꾸는 것이 좋다.

중립적이고 사무적인 표정을 지으면 한계를 설정하더라도 감정이 상하는 일은 줄어들 것이다.

/// 두 번째 메시지 '제스처'
: 당신의 제스처는 많은 의미를 내포한다 ///

텔레비전 뉴스를 자주 보는 사람이라면 뉴스를 볼 때 독일 총리 앙겔라 메르켈의 특이한 손동작을 눈여겨본 적이 있을 것이다. 메르켈은 배 높이에서 손등을 앞으로 하고 엄지는 위로 나머지 손가락은 아래로 내린 채 손가락 끝을 서로 맞대고 있는 자세를 자주 보여 준다. 나는 이 자세를 '메르켈의 마름모'라고 부른다. 손으로 만드는 메르켈의 마름모는 자기 확신과 가벼운 한계 설정의 의도를 드러낸다. 몸 앞에서 손을 맞대는 자세는 우리 자신과 상대방에게 한계를 지키겠다고 결심한 것을 알리는 동시에 두 사람 사이의 장벽의 기능을 하기 때문이다.

메르켈의 마름모꼴과 조금 다르게 테이블 옆이나 안락의자에 앉아서 팔꿈치를 들고 손가락 끝을 위로 향하게 해서 손을 맞대 보아라. 손으로 이런 자세를 취하면 당신에게 어떤 효과가 있는가? 또 상대에게는 어떤 효과를 불러일으킬까? 양손의 엄지와 나머지 손가락 끝을 서로 맞대면 기본적으로 자기 자신에게 집중하는 효과를 가져 온다. 다시 말해 힘을 주어 정신이 자기 자신을 향하도록 하는 작용을 한다. 이때 외부 세계는 뒤로 물러난다. 팔꿈치를 세우고 손가락 끝을 위로 모아 올리면 장벽을 높이는 것뿐 아니라 분위기를 지배하겠다는 자세를 드러낸다.

이렇듯 우리가 일상에서 하는 제스처마다 품고 있는 의도와 의미가 다르기 때문에 다른 사람들의 제스처를 관찰하고 의미를 파악할 필요가 있다.

예를 들어 당신이 사장에게 급여 인상에 대한 면담을 신청했다고 가정해 보자. 사장은 급여 인상 폭을 줄이기 위해서 손가락 끝이 위로 향한 제스처를 보일 것이다. 그런데 당신도 사장과 마찬가지로 사장의 직위를 무시하고 지배적인 자세를 보인다면 문제가 되기 십상이다. 로또 1등에 당첨되어 회사를 나갈 결심을 하고 한 번쯤 지배적인 자세를 취하고 싶다면 예외겠지만, 그런 상황이 아니라면 제스처를 조심해야 한다. 처음 만나는 자리나 예의를 지켜야 하는 자리에서 실수로 상대의 공격 심리를 건드리지 않으려면 손가락 끝을 아래로 향하게 하거나 허공을 가리키게 해야 한다. 손가락은 강력한 화살 같은 느낌을 주기 때문에 상대에게 들이대면 상대는 공격받았다는 느낌을 받는다. 그러면 의도와 상관없이 새로운 갈등이 생기거나 기존의 갈등을 심화시키는 상황에 직면할 수도 있다. 선을 긋는다는 것은 상대를 모독한다는 것과는 다른 말이다. 우리가 바라는 것은 나를 지키는 일이지 싸움을 걸려는 일이 아니다. 부적절한 제스처 사용으로 상대의 기분을 나쁘게 만들어서는 안 된다.

감정을 공격하지 않으면서 상대방에게 선을 그을 의지가 있다면 손과 팔을 자신의 몸 가까이에 밀착시키고 몇 가지 제스처를 보여 주는 것이 좋다. 가령 입장을 분명히 하는 말을 할 때 상대 쪽으로 손등을 보이고 두 사람 사이의 공간에서 손을 짧게 움직이는 것이다. 상상의 선을 그음으로써 여기가 넘지 말아야 할 선이라는 암시를 할 수 있다. 상대를 향해 정지 신호 같은 손동작을 보이면 더 분명한 태도를 표현할 수 있다. 거절하듯이 상대를 향해 손바닥으로 밀어내는 동작을 취하면 된다. 상대방의 제스처를 보고 내가 어떤 느낌을 받았는지, 나의 제스처를 보고 상대가 어떤 반응을 보였는지를 파악하는 것이 적절한 제스처 사용에 도움이 된다. 거울 앞에 서서 실제로 자연스럽고 즉각적으로 제스처를 취할 수 있도록 연습하는 것도 중요하다. 이런 연습을 한 다음에 누군가를 만나면 아주 간단하게 의도한 목적을 이룰 수 있을 것이다.

/// 세 번째 메시지 '태도'
: 당신 자신과 당신의 한계를 지키는 태도 ///

예전에 나는 말이 많은 사람에게 붙잡혀 꼼짝 못하고 대화를 나눠야 할 때면 패배자가 보일 수 있는 온갖 신호를 다 보냈다. 포기했다는 표현을 하면 상대가 공정한 대응을 그러니까 말을 줄이는 반응을 보여 주지 않을까 하는 기대에서였다. 하지만 상대는 이런 신호를 더 이야기해 달라는 뜻으로 오해하고 더 많은 말을 쏟아 내었다. 그러면 나는 할 수 없이 지루한 말을 더 듣고 있어야 했다.

돌이켜 보면 나는 그때 마치 〈무방비 도시Roma, Open City〉라는 영화에 나온 사람들처럼 전투 없이 적국이 도시를 점령하도록 더 이상의 저항을 포기한 사람의 모습을 하고 있었다. 내가 저지른 최대의 실수는 상대에게 너무 호의적인 태도를 보여 주어 상대를 부추겼다는 것이다. 상대는 내가 보낸 잘못된 신호에 호응하여 더 가까이 다가왔을 뿐이다.

이럴 때 자세를 바꾸는 것이 효과적일 수 있다. 예컨대 의자에 등을 기대고 편하게 앉아 있다가 허리를 펴고 똑바로 앉는 것이다. 이 동작으로 우리는 '허리가 딱딱하게 굳을 정도로 오래 당신 혼자 이야기하고 있다'는 속마음을 드러낼 수 있을 것이다.

'더 이상은 무리'라고 표현하거나 처음부터 접촉을 받아들이지 않으려면 분명한 태도를 통해 오해를 방지하는 신호를 보내야 한다. 두 팔을 벌려 마치 다정한 포옹을 하려는 듯한 개방적인 자세는 금물이다. 가슴에 팔짱을 껴서 접근이 차단되었다는 느낌을 주는 폐쇄적인 태도를 보여야 한다. 개방적이고 긴장이 풀린 편안한 태도는 상대를 불러들이고, 폐쇄적이고 경직되어 가볍게 긴장한 태도는 거리를 유지하게 만든다.

전문가들의 연구 결과에 따르면 사람의 비언어적 표현이 언어적 표현보다 상대에게 더 강렬한 인상을 준다고 한다. 우리가 무의식중에 드러내는 표정, 제스처 그리고 태도의 영향력은 생각보다 크다. 이 무의식의 메시지들을 제대로 활용할 수 있다면 우리 자신을 지키는 보호 수단도 더 풍부해질 수 있을 것이다.

호감을 잃지 않으면서 안 된다고 말하는 법

"확실한 거절이 상대를 위한 진정한 배려다."

- 알랭 드 보통, 스위스 소설가

소통을 할 때 비언어적 신호가 말로 전달하는 내용보다 더 큰 효과를 낸다고 해도 언어 메시지가 빠져서는 안 된다. 가장 직접적으로 단호하게 나 자신을 지키는 방법은 '말'을 하는 것이니까 말이다. 표정과 제스처와 태도로 거부의 메시지를 충분히 보였다고 해도 마지막에는 '더 이상은 참을 수 없다'고 분명히 말함으로써 상대에게 선을 보여 주고 그 선을 지키도록 만들어야 한다. 이것은 우리의 권리를 주장할 뿐만 아니라 '나는 좀 더 나은 대우를 받을 자격이 있다'는 자존감을 표현한다.

/// 거절하고 선을 긋는 말을 하는 방법 ///

말로써 선을 그어야 하는 경우는 전화 통화부터 저녁 식사를 하며 자녀와 나누는 대화 또는 커피를 마시면서 동료와 나누는 가벼운 잡담에 이르기까지 실로 다양하다. 우리가 각양각색의 상황에서 잊지 말아야 할 단 한 가지는 모르는 사람이 갑자기 걸어온 영업 전화에서든 부모와 자식처럼 가까운 관계에서든 한계는 반드시 필요하다는 것이다. 다음의 세 가지 방법이 보다 쉽게 한계를 지킬 수 있도록 도와줄 것이다.

첫째, 자신을 정당화하고 상대에게 안 되는 이유를 설득하려 하지 마라. 구두로 선을 그으려고 할 때, 대부분의 사람들은 자신의 주장이 얼마나 합리적인지 설명하려고 한다. 그러나 이런 식의 접근으로는 궁지에 빠지기 십상이다. 당신에게 생명 보험을 팔려고 하는 친절한 신사는 당신이 제기할지도 모르는 모든 의문을 풀어 줄 만반의 준비를 갖추고 반론을 준비하고 있을 테니까 말이다.

누구의 주장이 더 옳은가는 핵심이 아니다. 중요한 것은 당신의 한계, 당신의 영역, 당신의 돈, 당신의 시간을 보호하는 것이다. 그러기 위해서 자신의 주장에 대한 이유를 늘어놓거나 자신을 정당화할 필요는 없다. 이번에 좋은 보험이 나왔는데 기존 보험에서 새로운 보험으로 변경하는 것이 어떠냐는 영업 사원의 전화에 "저는 전화로는 보험에 가입하지 않습니다. 필요할 경우 지점을 방문하겠습니다"라고 말해야 한다. 여기서 핵심은 중언부언하지 않고 당신의 의사를 반복해서 말하는 것이다. 영업사원이 계속해서 전화로 가입할 것을 권한다면 필요할 경우 지점을 방문하겠다는 말을 반복해서 하라. 왜 전화로는 가입하지 않는지, 언제쯤 필요하게 될지는 말하지 않아도 된다. 문장을 반복하는 것으로 충분하다. 그리고 가능하다면 어떤 내용이든 정중한 방식으로 표현하는 것이 당신에게 더 마음 편할 것이다. 그렇지 않아도 더 급료가 많은 일자리를 찾는 콜센터 직원의 마음이 덜 상할 것이기 때문이다.

근거를 주장하는 일은 곧 자신을 정당화하는 일이다. 당신의 한계에 따라 내린 결정을 스스로 정당화하기 시작하면 당신의 입장은 약화되고 이내 궁지로 몰리게 된다. 최악의 경우에 정당화에 실패하여 상대에게 미안하다는 말을 하게 될지도 모른다. '여기가 나의 한계'라는 것은 다른 사람에게 설득시켜야 할 일이 아니다. 보여 주는 것만으로도 충분한 일이다.

둘째, 솔직하게 말하라. 다른 사람을 정직하게 대해야 할 의무가 있기 때문이 아니다. 아무리 사소하더라도 허풍은 사람을 약하게 만들기 때문이다. 거짓말은 도움이 되지 않는다. 가볍게 내뱉은 사소한 거짓말 때문에 값비싼 대가를 치를 수도 있다. 예를 들어 양심의 가책을 느껴 괴로워하거나, 괴로움을 못 이기고 윤리적으로 거짓말을 상쇄하는 행동 즉 자신을 희생하며 상대를 위하는 일을 할 수도 있다. 또 불쾌한 속임수를 썼다는 자괴감에 무엇으로도 위안을 받지 못할 수도 있다. 허풍을 늘어놓을수록 자신의 한계를 지키는 일은 점점 더 꼬이고, 힘들어진다.

마리안네가 근무를 마치고 피곤한 몸으로 집으로 돌아왔을 때, 열두 살 난 딸 멜라니는 다른 날과 달리 자신의 방이 아닌 거실에 나와 엄마를 기다리고 있었다. 집에 돌아온 엄마를 보자마자 멜라니는 다음 주말에 친구 두 명을 집에 초대해서 함께 밤을 보내는 것을 허락해 달라고 조르기 시작했다. 마리안네의 건강 상태를 생각할 때 딸의 계획은 분명히 과한 것이었다. 마리안네는 여자아이들이 모이면 어떤 일이 벌어질지 알고 있었다. 단순히 식사 준비나 잠자리를 챙겨 주는 데 그치지 않을 것이다. 아이들이 밤늦도록 깔깔대며 시끄럽게 놀다 보면 마리안네는 제대로 잠을 자지 못할 것이 분명했다. 게다가 멜라니는 친구들의 부모까지 초대해서 함께 저녁을 먹고 싶어 했다. 친구 부모들의 일정도 확인해야 하니 빨리 대답해 달라고 보챘다.

다급해진 마리안네는 자기도 모르게 안 된다고 말하며 그날 외할머니가 오시기로 했다는 거짓말을 했다. 그런데 오히려 멜라니는 할머니가 오신다는 말을 듣자 기뻐했다. 친구들을 부르는 것을 금지한 것이 아니기 때문에 친구들은 그 다음 주말에 부르면 된다는 것이었다. 그러면서 친구들을 초대하지 않는 것이 아니라 초대를 연기할 뿐이라고 강조했다.

마리안네는 얼굴이 화끈거렸다. 그때까지 딸에게 정직이 가장 중요하며 조그만 허풍도 안 된다고 가르쳤는데 스스로 거짓말을 했기 때문이다. 게다가 서투르기까지 했다. 당연히 멜라니는 아무 때고 외할머니에게 전화를 걸어 다음 주말에 집에 와서 무엇을 할지 상의할 수도 있다. 마리안네는 오늘 밤이라도 당장 친정어머니에게 전화를 해서 사정을 설명하지 않으면 안 될 판이었다. 그리고 그렇게 되면 결국 어머니도 집에 초대해야 할 것이다. 이번 주말엔 편히 쉬더라도 다음 주말에는 어머니더러 오시라고 해야 하고, 한 주 뒤에는 멜라니의 친구 두 명을 초대해야 한다. 머리가 아파진 마리안네는 방으로 들어가서 편두통 약을 먹고 구토에 대비해서 물통을 조심스럽게 침대 앞으로 끌어다 놓은 다음 커튼을 내렸다.

적당히 둘러대는 거짓말은 오래 가지 못하고 곧 진실이 밝혀지는 경우가 많다. 마리안네는 결국 귀찮은 일을 조금 뒤로 늦췄을 뿐이다. 멜라니의 친구들은 어차피 올 것이기 때문이다. 게다가 친정어머니까지 오시게 되어 부담이 더 늘어났다. 그중에서도 최악은 마리안네 자신이 비겁했다는 사실이었다. 마리안네는 자신의 그런 모습을 견딜 수 없었다.

누군가 당신의 가슴에 총을 들이대고 즉각적인 대답을 요구하는 것이 아니라면 상황에 급제동을 걸고 '온건한' 결정을 내릴 수 있도록 충분한 시간을 가져야 한다. 기습적으로 질문을 받으면 뒤를 생각하지 않고 아무 대답이나 할 가능성이 높다. 그러니 대답하기 전에 생각할 시간을 달라고 말하라.

직접적으로 생각할 시간을 요구할 수 없는 상황이라면 상대가 원하는 것을 거듭 확인하면서 시간을 벌고 분명한 대답을 준비하는 것이 도움이 된다. 이런 반응은 일단 상대의 요구를 접수했고 무슨 말인지 알아들었다는 신호가 되기 때문이다. 처음에 상대가 무엇을 원하는지 자세히 들어 본 다음 여유를 갖고 그 문제에 대한 해결책을 생각해야 한다.

마리안네는 딸 멜라니에게 "네가 친구들을 초대하고 싶은 이유에 대해 이야기해 주겠니?"라고 묻고 그 뒤에 또 한 번 "이유를 들었으니 무엇이 가능한지 생각을 좀 해 보자"라는 반응으로 시간을 확보할 수 있었다. 마리안네의 입장에서는 여유를 가지고 딸이 바라는 것과 자신의 욕구를 생각해 보고 멜라니가 원하는 것을 어느 선까지 들어줄 수 있는지 헤아려 보는 것이 최선의 방법이었을 것이다.

우리가 예상치 못한 것을 요구받을 때는 상대가 자신이 바라는 것을 아무리 조심스럽고 정중하게 표현해도 그것을 당장 결정하지 않으면 계속해서 대답에 대한 압박이 있을 것 같은 느낌을 받는다. 객관적으로 볼 때 그렇지 않더라도 마찬가지다. 그러나 그렇게까지 생각할 필요는 없다. 가령 당신의 아이가 용돈을 올리거나 장시간 외출을 하기 위해 여러 이유를 제시할 때는 일단 그 말을 들어 보라. 가족 간에는 주장을 늘어놓는 일은 많아도 정작 상대의 말에 귀를 기울이는 경우는 너무 적다. 그러고 나서 아이의 입장을 이해한다는 것을 보여 주라. 그리고 시간을 두고 아이에게는 너무 과중하거나 무절

제하지 않고, 또 당신도 동의할 수 있는 결정을 내리도록 하라. 기습적인 상황에서도 당황하지 않고 온건하게 효과적인 한계를 정하도록 노력하는 것이 중요하다.

/// 피곤한 대화에서 벗어나는 법 ///

언어적 한계 설정은 상황에 대한 선 긋기뿐만 아니라 대화 자체에 대한 선 긋기에도 유용하다. 우리는 자신의 관심사를 시시콜콜 늘어놓는 상대 때문에 애를 먹는 경우가 아주 많다. 이런 사람은 자신이 하는 일은 몹시 장황하게 묘사하지만 상대의 이야기에는 관심을 두지 않는다. 대화가 일방적이어도 상대의 이야기를 너그럽게 들을 수 있다면 문제가 되지 않지만, 대화를 마치고 나면 피곤하고 소통 속에서 자유를 박탈당한 것 같은 느낌을 받는다면 선을 긋는 법을 배워야 할 때다. 어떤 사람과 대화를 시작했는데 자신의 시간과 에너지가 낭비당할 것 같은 징후가 엿보인다면 다음과 같은 방법을 사용해 보자.

첫 번째, 상대의 말을 짧게 요약하라. 장황하게 말을 이어가는 상대의 말을 끊는 것은 쉬운 일이 아니다. 그래서 사람들은 대화에서 빠져나오고 싶어도 적당한 방법을 찾지 못해 계속 시달리고는 한다. 이럴 때는 상대가 끝없이 늘어놓은 이야기를 짧게 요약하는 것이 비책이 될 수 있다. "네가 직장에서 별로 인정을 못 받으니까 동기 부여가 안 된다는 말이네.", "그러니까 네 남편을 이해할 수 없어서 차라리 헤어지고 싶다는 거구나.", "A 회사의 문제점 중에서도 특히 기한을 잘 지키지 않는 게 가장 큰 문제라는 말씀이시군요."

지루한 이야기에서는 장시간 끝없이 새로운 말이 나오지만 정작 새로운 사실이 드러나는 경우는 거의 없다. 제자리에서 맴도는 대화일 뿐이다. 이럴 때는 상대의 말을 한 줄로 정리해 줌으로써 생각과 감정을 제대로 전달할 만큼 충분히 이야기했다는 사실을 깨닫게 해 주어야 한다. 그러면 상대도 말을 줄일 것이고 우리도 선을 그을 수 있게 된다.

두 번째, 대화의 주도권을 잡아라. 만약 당신이 상대의 끝없는 수다 때문에 지루한 대화에 시달리고 있다면 스스로에게 물어보자. "어떻게 상대가 멋대로 대화를 이끌어 나가게 되었는가?"

나는 대화를 할 때 상대에게 끌려다니며 따분한 대화에 시달리는 사람을 자주 보았다. 이런 사람들은 보통 대화를 나눌 때 자신의 의사를 제대로 전달하지 않거나 적극적으로 자신이 관심 있는 주제를 끄집어 내지 않는다. 결국 상대에게 그가 하고 싶은 화제를 늘어놓을 틈을 주는 것이다. 상대와 만나서 인사를 나눈 다음 먼저 당신 자신의 관심사를 꺼낸다면 당신은 대화 시작부터 방향을 정할 수 있게 된다. 상대는 대화의 주제가 마음에 들면 우리와 의견을 교환할 것이고, 그렇지 않다면 주제를 돌리려고 할 것이다. 어느 경우든 우리가 초반 주도권을 잡았기 때문에 형세가 역전되어 대화에 끌려다닐 확률은 적다.

대화 상대가 질문을 던져도 주도권을 잃지 말아야 한다. 특히 우리가 경계해야 할 질문은 목적을 알 수 없는 질문이다. 어떤 의도를 가지고 질문을 던지는지 파악할 수 없다면 질문에 대답하지 마라. "토요일에 뭐 해?"라는 질문에 아무 의심 없이 "별일 없어"라고 대답한다면 "그럼 나랑 같이 마트에 가서 장을 보지 않을래? 네 차로 가면 차를 두 대나 움직이지 않아도 되잖아"라는 말에 대처하기가 힘들다. 별일 없다고 방금 말했는데 거절하는 것이 어렵기 때문이다. "이번 주에는 살 것이 없어, 다음에 같이 가자"라고 대답해도 "딱히 할 일도 없잖아. 집에만 있지 말고 나 장보는 데 같이 가자. 네 새 차도 한번 타 볼 겸"이라는 반응이 나올 수 있다. 우리가 이미 주도권을 잃었기 때문에 상대는 더욱 강력하게 밀어붙일 것이다.

그러니 질문을 받으면 의도를 먼저 파악하라. 대답을 하기 전에 "왜?"라고 물어보아라. 질문을 받았다고 해서 꼭 대답해야 할 의무는 없다. 능동적으로 소통하는 사람은 다양하게 대화의 주도권을 잡고 상대를 사로잡을 수 있다.

그렇다고 모든 사람에게 "왜?"라고 되물으라는 것은 아니다. 가까운 사람이나 나의 한계를 존중해 주는 친구라면 이렇게 반응하지 않아도 된다. 나를 진정으로 아껴주는 친구라면 "그렇긴 한데 이번 주말에는 좀 쉬고 싶어"라는 말에 쉽게 수긍하고 더 요구하지 않을 것이다. 그러나 쉽게 선을 넘으려는 사람이라면 방어적인 태도를 취해야 한다. 당신을 존중하지 않는 친구라면 자신이 원하는 대답을 들을 때까지 당신을 구석으로 몰아붙일 것이기 때문이다.

대화의 주도권을 찾기 위해 노력했음에도 그 시도가 실패로 돌아가거나, 상대가 그 시도를 못마땅해 하거나, 혹은 상대에게 자신에 대해 더 이상 말을 하고 싶지 않다면 그것은 어쩌면 결단을 내릴 시간이라는 암시인지도 모른다. 다시 말해 개선될 여지가 없는 상대와 대화를 나누는 것에 시간을 낭비하는 대신 좀 더 즐겁게 대화를 나눌 수 있는 사람을 찾아 떠날 시간이라는 뜻이다.

세 번째, 전부 해결해 주려 하지 마라. 우리가 흔히 듣는 무리한 요구 중 하나는 어떤 상황을 해결해 달라거나 해결할 수 있도록 도와 달라는 것이다. 이러한 부탁은 여러 가지의 유형이 있는데, 잘 지내던 친구 둘이 싸웠을 때 화해할 수 있도록 중간에 다리를 놓는 일이나 아직 업무를 끝내지 못한 동료가 업무 처리를 부탁하거나 가족이 돈을 빌려 달라고 하는 일 등이다. 이런 경우 부탁을 받았다고 해서 해결사 역할을 자처해서는 안 된다.

나는 당신에게 상대를 이해하고 공감한다는 말을 간단히 해 주라고 제안하고 싶다. 그런 다음에 결정적인 질문을 던지는 것이다. "이런 상황에 대해서 여러 가지로 불만을 표하지 않았어? 전문가를 찾아가서 도움을 청할 때가 아닐까?" 아니면 간단하게 "솔직히 말해서 나는 너희 두 사람의 친구로서 적당한 대화 상대가 아닌 것 같아"라고 말하는 것이다.

예를 들어 친구들이 싸운 상황이라면 중간에서 어떻게든 해결하려고 고군분투해 봤자 화해시키지도 못하고 친구도 잃는 최악의 결과를 맞을 가능성이 높다. 이럴 때는 "네가 어떤 마음으로 그랬는지 알겠어. 그런데 내가 네 마음을 제대로 전달할 수 있을지 모르겠다. 둘이 만나는 자리를 마련해 볼 테니 네가 직접 이야기해 보는 게 어때?"하며 당사자끼리 해결하도록 하는 것이 현명하다.

또 당신이 상대와 내립된 입장에 있을 수밖에 없는 경우에는 대화를 길게 끌지 않고 상대의 말에 휘둘리지 않는 것이 중요하다. 이럴 때 양쪽의 입장을 간단히 요약하고 서로 비교하는 것도 도움이 된다. “당신 말은 A라는 것이고, 내 말은 B라는 것이군. 그럼 우리의 시각이 다른 것이 분명하네”라고 정리하는 것이다. 갈등 상황을 유지하는 것이 유익하지 않다는 판단이 들 때는 곤란한 화제에 일일이 개입하고 말을 받아줄 필요가 없다. 절충안을 도출할 수 없다는 것을 드러내고 다음 화제로 넘어가는 것이 낫다.

이런 행동은 문제 상황을 방관하는 것이 아니라 보다 효과적인 해결책을 찾을 수 있도록 도와주는 것이다. 오직 나만이 문제를 해결할 수 있는 것은 아니다. 만약 당신이 아직 단호하게 선을 긋는 것이 어렵다면 부분적인 거절로 시작할 수 있다. 즉 하나는 들어주되 하나는 거절하는 것이다. 이때 마법의 단어는 ‘단’이다. “밀린 업무를 하는 걸 도와줄게, 단 9시까지만이야.”, “파티 준비하는 걸 도와줄게. 단, 뒤처리까지 원한다면 다른 사람에게 부탁하는 게 나을 거야.”, “근무 스케줄을 바꿔줄게, 단 월요일 하루뿐이야”라고 말해야 한다. 부분적인 거절에 능숙하게 된다면 완전한 거절을 하는 것도 시간문제다.

/// 친구인가, '정신적인 쓰레기통'인가? ///

전화는 굉장히 유용한 의사소통 수단이지만 그만큼 한계 침범의 통로 구실을 할 때가 많다. 그래서 많은 사람들이 자동응답기나 발신번호표시 서비스를 사용한다. 번호를 확인하거나 상대의 이름과 목소리를 듣고 당장 전화를 받을지 말지 결정할 수 있고, 아니면 전화기를 들고 간단하게 나중에 전화하겠다는 말을 할 수 있기 때문이다.

내가 전화 통화를 한계 침범의 치명적인 무기라고 생각하는 것은 누구든 아무 예고도 없이 피해자가 될 수 있기 때문이다. 우리 주변에는 본인의 정신적이고 감정적인 쓰레기를 치우기 위해 상대에게 끝없이 넋두리를 하는 사람이 있다. 이들은 자신이 처한 상황이 주는 압박감에서 벗어나기 위해 전화를 걸어 푸념을 늘어놓는다. 심지어 내일 당장 이혼을 하겠다고 하소연하는 일도 적지 않다.

물론 친구가 정말 이혼할 위기에 처해 있다면 한 시간이든 두 시간이든 이야기를 들어 주고 함께 해결책을 찾아볼 수 있다. 이런 친구들은 자신이 힘든 일에 도움을 청하는 만큼 우리가 힘들 때 기꺼이 도움을 주려고 한다. 또 우리의 일상을 걱정해 주고 관심을 가진다. 그러나 한계를 침범하는 사람들은 그렇지 않다. 내일 당장 이혼하겠다고 한 시간 넘게 신세한탄을 하던 친구가 남편이 저녁에 사 온 꽃 한 다발에 기분이 풀리는 경우도 있고, 나의 힘든 이야기를 좀 할라치면 자신에 비하면 그런 건 걱정거리도 아니라며 말을 막는 경우가 대부분이다. 이럴 경우 우리는 상대의 '정신적인 쓰레기통' 역할을 해 주었을 뿐이다. 상대는 자신의 상황에 맞서지 않으면서 안정을 찾기 위해 우리에게 전화를 건 것이다. 오랜 시간 통화를 했다고 해서 상대가 고마워하거나 둘 사이의 우정이 돈독해지는 경우는 별로 없다. 우리는 그저 피해만 당했을 뿐이다.

이 사람들에게는 전화 통화가 스트레스를 해소하는 일이겠지만 듣는 사람에게는 스트레스가 쌓이는 일이다. 늘 이런 식으로 우리를 '정신적인 쓰레기통'으로 이용하는 친구에게 전화가 온다면 다시 전화를 해 주겠다는 말을 하고 전화를 끊어야 한다. 시간이 조금 흐른 후에 다시 전화를 걸면 상대방의 상황이 바뀌었거나 아니면 자신의 욕구를 해소할 다른 희생자를 찾았을 것이다. 그러면 처음에는 장황했을 상대의 설명은 훨씬 간단해지고, 우리가 피해자라는 느낌을 받지 않고도 상대의 상황에 관심을 표할 수 있다. 전화를 끊을 수 없는 상황이라면 제한된 시간만 통화할 수 있다고 말하라. "12분 있으면 영화가 시작되는데 그때까지는 대화할 수 있어!"라고 응수하는 것이다.

소중한 사람들만 신경 써도 시간은 모자라다. 당신을 소중하게 생각하지 않는 사람, 당신의 안위에는 눈곱만큼의 관심도 없는 사람, 당신을 '정신적인 쓰레기통'으로 사용하는 사람에게 언제까지 시간과 에너지를 낭비할 것인가?

/// 누구를 만나든 자기 자신을 지켜라 ///

누군가를 만나 대화를 나누기 전과 그 이후에 감정이 어떻게 달라졌는지 곰곰이 생각해 보라. 만난 뒤보다 만나기 전에 기분이 더 좋았다면 만남의 어느 시점에선가 당신의 한계를 넘은 것이라고 봐야 한다.

처음에는 즐거웠을지 모른다. 대화를 하는 과정에서 상대방에 대한 당신의 호감은 더 커지고 상대와 가까이 있는 것에 기분이 좋았을 것이다. 당신의 한계선 바로 앞에 있는 쾌감대에 머물 때까지는 그랬을 거라는 말이다. 그러다가 어느 순간 자기 자신과 접촉하는 끈을 놓쳐 버리면 집에 돌아와서 후회할 말들을 하게 되는 것이다. 결국 당신은 자신의 영역을 지키지 못한 것이다.

다른 사람과 만날 때 자기 자신과 접촉하는 끈을 놓치는 일은 비일비재하다. 조급한 마음이 당신 자신에게 향하는 정신을 교란시키고 상대를 중심으로 생각하게 만들기 때문이다. 상대와 직접적으로 소통을 하고 있을 때 여유를 잃지 않는 것, 그리고 자신을 지키겠다는 믿음을 놓지 않는 것이 중요하다. 조급한 마음이 들거나 내면의 갈등이 생긴다면 배에 손을 얹어 자신의 호흡을 느껴 보는 것이 도움이 될 수 있다. 이렇게 하면 보통 호흡이 안정되고 자신의 몸과 몸 상태에 집중하게 돼서 다시 여유를 찾을 수 있다. 여유로운 마음과 나 자신을 지키겠다는 강한 믿음이 있다면 상대에게 우리가 참을 수 있는 것과 없는 것에 대해 명확히 말하는 것을 두려워하지 않을 수 있다.

싸움에서 이기려고
단호해지는 것이 아니다

"분한 생각은 잊어버리는 편이 더 낫지 않을까?
원한을 품거나 원통한 생각을 꼬박꼬박 외워 두기에는
인생이란 너무 짧은 것 같다."

- 샬럿 브론테, 『제인 에어』

단호한 사람들이 24시간 365일 의견을 주장하고, 권리를 지키고, 자신을 보호하는 것은 아니다. 이들도 때에 따라 한 발 물러서기도 하고, 전체를 위해 손해를 보기도 하고, 갈등을 만들지 않으려 그냥 참아 버리기도 한다.

그렇지 않고 매번 조금도 손해 보지 않으려 하면 이기적인 사람이 될 수 있고, 작은 일 하나 그냥 넘어가지 않고 이의를 제기하면 인생이 너무 피곤해지기 때문이다. 단호하게 살기 위해서는 경우에 맞게 단호함의 정도를 스스로 조절할 수 있어야 한다.

/// 전면전이 무의미할 때는 갈등을 피하라 ///

수영을 할 줄 안다고 해서 모든 수영장과 바다에서 안전한 것이 아니듯 단호함이 모든 상황에서 만능 해결책이 될 수는 없다. 어떤 경우 갈등이나 의견 불일치는 우리를 위험에 빠뜨릴 수도 있다. 우리의 의견이 옳거나, 정당하거나, 모두가 바라는 일이거나 하는 것은 아무 도움이 되지 않는다. 정의를 지키기 위해 의욕이 불타오르고, 더 강한 모습을 보이자 상대가 갑자기 포기를 선언하고 내 진영에 승전보가 울리는 상황은 영화에서나 가능한 일이다. 현실에서는 욕설이 오가고 평판에 흠집이 날 것이며 최악의 경우 완전히 짓밟혀서 사회에서 매장당할 수도 있다.

단호해지는 것의 최종 목표는 나를 지키는 것이지 모든 싸움에서 이기는 것이 아니다. 그러니 이의를 제기하고 자기 주장을 함으로써 치러야 하는 대가가 너무 클 때는 갈등을 피하는 편이 낫다. 나의 권리와 이익을 위해 의견을 내세우는 것도 중요하지만 때로는 전면전을 펼치는 것보다 적절한 때를 기다리며 기습전을 준비하는 것이 승산이 있기 때문이다. 조금만 떨어져서 보면 가능한 대안들을 발견할 수 있고, 우리 자신이 흔들리지 않고 힘이 생길 때까지 그저 바라보면서 기다리다가 변화를 맞이할 수도 있다. 비합리적인 명령에 즉각 반발하는 것보다 적절한 순간이 올 때까지 기운을 아껴두는 것이 현명한 선택일 때도 있다.

프리데리케는 최근 직장을 새로 옮겼다. 일주일에 세 번 사무실로 출근하고 시간제로 월급을 받는 곳이었다. 그런데 막상 일을 시작해 보니 처음 계약할 때와는 달리 스케줄 조정에 문제가 있었다. 수당을 더 받을 수 있는 날에 일하는 직원들은 늘 고정되어 있었고, 스케줄을 짤 때는 소수의 사람들의 의견만 반영되었다. 그들이 원하는 시간을 다 차지하고 나면 나머지 사람들이 남는 시간에 이름을 적어 넣어야 했다. 시간이 지나 동료들에게 이야기를 들어보니 가장 오래 다닌 직원 한 명을 중심으로 몇몇 직원들이 이런 불합리한 일을 만든다고 했다.

새로 옮긴 직장에서 부당한 대우를 받고 있다는 생각에 프리데리케는 답답해졌다. 시간이 더 지나서 손을 쓸 수 없기 전에 계약 조건을 바로잡고 스케줄을 정하는 기준을 확실히 하고 싶었다. 결국 프리데리케는 용기를 내어 지점장에게 상담을 요청했다. 마침내 상담 시간이 돌아왔을 때 그녀는 차분하게 문제점을 설명했고, 지점장은 이해한다는 표정을 지으며 깊이 생각하는 눈빛이었다. 그는 프리데리케의 이야기를 다 듣고 나더니 걱정스러운 말투로 정체 상태에 있는 매출액을 보여 주면서 경쟁이 갈수록 심해져서 현재 회사 상태가 매우 어렵다고 설명했다. 그래서 지금 인력 관리에 시간을 쓸 수 없으며 혹시라도 프리데리케가 너무 고통스럽다면 단합을 위해 회식비를 주겠다고 말했다.

지점장의 이야기를 듣던 프리데리케는 지점장이 이 문제를 해결할 마음이 없다는 것을 알아차렸다. 그래서 일단 이야기를 마무리하고 지점장실을 나왔다. 그리고 이후로 근무를 하면서 문제를 만드는 직원들을 지켜보았다. 몇 주를 관찰한 결과 그들끼리만 작업한 날에는 꼭 재고 관리에 문제가 생겼다. 프리데리케는 침착하게 관련 서류들을 준비했고 이후 지점장에게 보고했다. 그러자 지점장도 문제의 심각성을 깨닫고 해당 직원들을 경질했다. 불합리했던 일들은 해결되었고 프리데리케도 문제없이 회사를 다닐 수 있었다.

단호해지는 것은 이상주의자가 되는 것이 아니라 오히려

현실주의자가 되는 것이다. 내가 할 수 없는 일, 내가 바꿀 수 없는 관계에 매달리지 말고 '내가 할 수 있는 일'에 집중해야 한다. 우리에게 부당한 일을 요구하고 불합리한 대우를 해 주는 사람들 때문에 분노하는 대신 나에게 집중하라.

인도 대도시의 요가 수행자를 본 적이 있는가? 이 사람은 난장판 같은 길 위에서도 명상에 잠긴다. 그가 내면의 평화를 찾을 수 있는 것은 바로 투과성 때문이다. 모든 번잡과 소음, 심지어 매연까지도 이 사람을 통과해 빠져나간다.

주변에서 벌어지는 일들은 막을 수 있는 것이 아니다. 그것을 이겨내는 방법은 소모적인 자극에 반응하지 않는 것이다.

단호해지기 위해서는 단순하고 둔감해질 필요가 있다. 시비를 걸어오는 상대에게 일일이 반응하지 않음으로써 당신은 체념과 판단 마비의 상태를 줄이고 한과 분노로 자신을 망가뜨리는 불행을 막을 수 있다. 당신을 망가뜨리는 일을 즐거워하는 사람에게 먹이를 던져 주지 마라.

/// 정도를 지키려는 단호한 사람 vs. 절대 손해 보지 않으려는 이기적인 사람 ///

그렇다면 우리가 꼭 단호하게 행동해야 할 때는 언제일까? 사람들은 '이제는 더 이상 못 참겠다, 지금이 단호해질 때다'라고 생각하다가도 자신이 고집이 세고 비합리적인 사람으로 보일까 봐 걱정한다. 그러나 단호한 것과 이기적인 것은 엄연히 다르다. 자칫 잘못하여 문제만 일으키는 공격적이고 이기적인 사람이라는 오해를 받지 않으려면 단호함과 이기적 행동의 차이점을 분명하게 알아야 한다.

애플, IBM, HP 등 유수의 기업과 여러 정부 기관에서 의사소통 워크숍을 진행해 온 소통 전문가 샤론 앤서니 바우어는 "단호한 태도와 공격적인 태도의 근본적인 차이점은 우리의 말과 행동이 다른 사람의 권리와 행복에 어떤 영향을 미치느냐에 달려 있다"고 말했다. 우리의 행동이 다른 사람들에게 긍정적인 영향을 주었다면 단호한 행동이고, 부정적인 영향을 주었다면 공격적인 태도라고 볼 수 있다는 것이다.

민간 및 공공 비즈니스 분야에서 25년 넘게 일한 경험을 바탕으로 비즈니스 현장에 유용한 통찰을 제시하고 있는 작가 마리자 만레사의 의견도 이와 비슷하다. 그녀는 단호한 사람과 이기적인 사람을 다음과 같이 정의했다. 단호한 사람은 자기 자신뿐 아니라 남들을 소중하게 여기고, 공정하길 바라며 타인을 배려하면서 목표를 설정하고 성취한다. 공격적이고 이기적인 사람은 남들보다 자기 자신만을 소중하게 여기고, 자신은 절대 피해를 입지 않으려고 하며, 목표를 성취하는 과정에서 남들에게 피해를 주는 것을 주저하지 않는다. 두 사람의 가장 큰 차이점은 역시 결정을 내릴 때 자신의 결정이 다른 사람들에게 미치는 영향을 고려하는지 여부다.

다시 말해 단호해지는 것이 언제나 불평불만을 쏟아 내고 자신의 이익만을 생각하며 공격적으로 반응하는 갈등유발자가 된다는 말이 아니라는 것이다. 상황을 정확하고 객관적으로 바라보고 적합한 일과 적합하지 않은 일을 구별할 줄 안다는 뜻이다. 개인적인 생활에서든 회사생활에서든 나의 이익과 전체의 이익이 충돌하는 일은 어디서나 발생할 수 있다. 이때 단호한 사람들은 문제의 핵심을 파악하고 해결하려 하지만, 이기적인 사람들은 자기 자신만을 생각한다. 그래서 단호한 사람들이 어느 정도 경계를 정해 놓고 그 기준에 따라 전체를 위해 한 발 물러설지 말지를 결정할 때 이기적인 사람들은 자신이 손해 보는 것을 견딜 수 없어서 동료가 어떻게 되든 상관없이 자신의 밥그릇만을 챙긴다.

그렇기 때문에 단호하게 자기 주장을 해야 할 때와 하지 말아야 할 때를 현명하게 결정하기 위해서는 맞닥뜨린 상황을 꼼꼼하게 살펴보고 나의 결정이 불러올 파장을 고려해야 한다. 이때는 '상대가 이랬을 것이다'라는 추측이 아니라 문제의 사실 관계를 파악하는 일이 중요하다. 다음의 물음들이 상황을 판단하는 데 도움이 될 것이다.

— 무엇이 사실인가?
— 세력 관계는 어떻게 되는가?
— 이런 상황에서 나는 무엇을 받아들여야 하는가?
— 받아들이면 안 되는 것은 무엇인가?
— 내 결정이 나만이 아니라 다른 사람들에게 이익이 되는가?
— 내 결정이 가족들에게 나쁜 영향을 주거나 가족과 오랫동안 떨어져 있게 만드는 건 아닐까?
— 나에게는 어떤 행동의 여지가 있는가?
— 허용된 여건 하에서 이 상황을 어떻게 이용할 수 있는가?
— 이 상태에서 나는 무슨 방법으로 나를 위해 상황을 완화시킬 수 있는가?
— 어떻게 나는 손해를 최소화할 수 있는가?

문제 해결 과정에서 약간의 갈등은 있을지라도 결과적으로 나뿐만 아니라 모두의 이익에 도움이 된다면 자기 주장을 하는 것이 옳다. 지금 당장 다른 사람들에게 이익을 주지 못하더라도 나의 경우가 선례가 되어 다른 사람이 손해 보는 것을 막을 수 있다면 이것 역시 자기 주장을 할 만한 일이다. 그러나 결과가 나에게만 이득이 되거나, 나의 이익을 위해서 또 다른 누군가가 손해를 봐야 한다면 자기 주장을 하는 것을 조금 더 고려해 보자. 문제 제기는 지지받지만 불평불만은 존중받지 못한다.

주장을 해야 할 상황이라면 중심을 잃지 않으면서 다른 사람의 의견도 진지하게 들어야 하고, 대들고 싸우는 것이 아니라 침착하고 정중하게 생각을 전달하는 것이 중요하다. 비난이 아니라 건설적인 비판을 근거로 자기 주장을 해야 한다. 또 일단 주장을 시작했다면 번복하지 않는 것도 중요하다. 제기한 문제에 집착하며 끈질기게 매달리라는 말이 아니라 일단 무엇이 부당하다고 말을 했다면 그 의사를 철회하지 말라는 것이다. 부당한 상사의 대우에 이의를 제기했을 경우 상사가 문제를 해결하려는 의지를 보이기도 전에 "다 괜찮습니다. 제가 괜한 말을 했네요" 따위의 말을 하지 말아야 한다. 줏대 없고 우유부단하며 불평은 하지만 어르고 달래면 괜찮아지는 사람으로 비칠 수 있다. '내가 돌멩이 하나 던져 봤자 저 문이 깨지겠어?'라는 생각에 날아가는 돌멩이를 잡지 말아야 한다. 내가 던진 돌멩이를 보고 누군가 또 다른 돌멩이를 던질 테고 그렇게 돌멩이가 여러 개 날아들면 언젠가는 견고한 문도 금이 가기 마련이다.

의견과 감정을 숨김없이 표현해야 할 때와 자제해야 할 때에 대한 고정불변의 법칙은 없다. 때로는 모두의 이익을 위하는 일이 아니지만 한 사람을 위해 불합리한 일을 지속해야 하는 경우도 있고 아무리 대가가 두려워도 인격적인 모독, 성적인 학대와 같이 인권을 침해하는 경우에는 단호하게 대응하는 것이 바람직하다. 그러니 당신이 처한 상황에 대해 스스로 판단하는 것을 미루지 마라. 매 순간 순간 단호함을 연습하는 기회로 삼아라.

미국의 극작가이자 희극배우인 윌리엄 클로드 더킨필드가 한 말을 가슴에 새기고 단호해지는 연습을 시작하라. "문제는 사람들이 당신을 뭐라고 부르는지에 관한 것이 아니다. 중요한 것은 당신이 그들에게 뭐라고 대답하는가이다."

묵묵히 참고 견디기만 하면 죽을 수도 있다

"타인을 기쁘게 해 주는 것이 당신 삶의 목적이라면
모두가 당신을 좋아하게 될 것입니다. 당신 자신만 빼고 말이지요."

– 파울로 코엘료, 『마법의 순간』

우리의 생활 방식은 과거와 비교해 크게 달라졌지만, 여전히 인류 초기와 같은 방식을 고수하는 부분이 있다. 바로 위기 상황에 대처하는 방식이다.

선사 시대에 우리 조상들의 하루하루는 삶이냐 죽음이냐의 기로에 서 있었다. 사나운 동물의 공격, 예기치 못한 자연재해 등 생존을 위협하는 요소가 등장할 때마다 스스로를 지키고 살아남기 위해 모든 에너지를 쏟아부어야만 했다. 이들이 생존을 위협하는 요소와 맞닥뜨렸을 때의 반응은 위험을 피해 도망가는 것, (도주) 물리적인 힘을 사용해 맞서 싸우는 것, (공격) 아니면 정신적·신체적으로 일시적인 마비 상태에 빠져 마치 죽은 척하는 것 (마비) 중에서 결정됐다. 다른 대안이라곤 없었다. 상황에 따라 공격하든가 달아나든가 탈진해서 쓰러지든가 뿐이었다.

이러한 반응은 현대 사회에서도 동일하게 일어난다. 선사시대의 행동 방식이 사람의 몸속에 프로그램처럼 입력되어, 비록 그것이 오늘날 우리의 생활 환경에 어울리지 않을지라도 그대로 작동하고 있다는 말이다.

과거와 같이 목숨이 위태로운 상황은 아니지만, 과도한 업무로 능력과 체력을 무리해서 써야 하는 상황이나 누군가 자신의 필요에 의해 우리의 권리를 침해하는 상황 또는 우리의 약점을 잡고 권력을 남용하며 우리를 옥죄어 오는 일 등 현대 사회에서도 위협을 느낄만한 상황은 빈번하게 발생한다. 이때는 숨이 가빠지고 혈압이 올라가며 근육이 긴장하는 등 원시인이 사나운 동물을 만났을 때와 비슷하게 신체가 반응한다. 그리고 상황을 위협적으로 만든 침입자에 대한 대응책을 마련하기 위해 모든 에너지를 동원한다. 스트레스 요소를 회피하거나, 그것과 맞서 싸우거나 아니면 어찌할 바를 모르고 마비 상태에 빠지거나 하는 세 가지 선택지 중에서 결정을 내리는 것이다.

만약 직장에서 상사가 아침 출근길에 기분 나쁜 일이 있었다는 이유로 하루 종일 성질을 부리면서 보고서를 타박하고 중요한 문서를 결재해 주지 않는다고 가정해 보자. 당신은 직장과 상사라는 두 요소 때문에 상대방에게 맞서 싸울 수도 도망갈 수도 없다. 그저 어찌할 바를 모르고 마비 상태에 빠져 상사가 기분이 풀릴 때까지 숨죽이고 있을 것이다. 반면에 기차역에서 우연히 만난 할아버지가 자신의 여행 이야기를 한없이 늘어놓으면서 말을 건다면 적당한 때에 "네, 그럼 여행 즐겁게 하세요"하고 말을 끊으며 그 자리를 뜨는 것으로 대응할 수 있다.

복잡한 현대 사회에서 도주, 공격, 마비 세 가지 대응 방식은 침범이 발생한 장소와 경계를 넘어온 상대, 그날의 컨디션에 따라 다양한 방식으로 변주되지만 기본적으로는 위기 상황에서 가장 적합한 방식을 직관적으로 선택해 반응하도록 되어 있다.

그런데 이때 우리가 선택한 위기 대처의 방법이 적절하지 않았다면 위기는 한계 침범의 상황으로 이어진다. 현대 사회의 한계 침범은 목숨을 앗아가지는 않지만 그만큼 치명적인 정신적·신체적 피해를 입힌다.

/// 잘 참았다고 생각했던 스트레스가 결국 문제를 일으킨다 ///

자신이 존중받지 못한 경험이 계속되면 실제로 한계를 침입당하지 않은 '별 문제가 아닌' 일에도 정신적 피해를 입는다. 스트레스를 받을 정도가 아닌데도 스트레스를 받고 이를 문제 삼는다는 것이다. 이때 사람들은 크게 두 가지 반응을 보인다. 첫 번째는 외부로 스트레스를 폭발시키는 것이고 두 번째는 자신의 스트레스를 표현하지 않고 철저히 감추는 것이다.

먼저 첫 번째 반응부터 알아보자. 이는 경계를 지켜 내지 못했다는 좌절감, 분노, 수치심 등의 부정적인 감정을 참지 못하고 그대로 터트리는 방식이다. 이 경우 처음에는 후련함을 느끼지만, 시간이 지날수록 자신의 행동에 놀라고 감정을 제대로 통제하지 못했다는 사실에 오히려 좌절감을 느낀다. 그러면 문제의 원인이었던 경계를 넘어온 상대방의 잘못은 과하게 반응한 자신의 잘못에 가려져 버리고 우리는 상대에게 복종하고 경우에 따라서는 이타적인 태도로 자신의 잘못에 대한 보상까지 해 주려고 한다.

이런 행동은 자신의 경계를 지키는 일을 소홀히 하게 만든다. 미안한 마음에 상대방에게 과도하게 잘해 주면서 그가 다시 경계를 침범할 수 있는 여지를 주는 것이다. 그러나 이런 행동은 결국 새로운 감정 폭발로 이어지게 되고 반복적으로 부정적인 경험을 만드는 악순환에 빠지는 역효과를 불러온다. 결국 기분에 따라 이랬다저랬다 하는 줏대 없는 사람으로 낙인찍히게 될 수 있다.

두 번째 반응은 스트레스를 받았다는 사실을 감추고 뒤로 물러서서 방어를 포기한 채 자신의 영역을 내주는 방식이다. 마음속에 숨겨진 분노로 내상을 입는 것도 흔한 일이다. 이런 반응을 보이는 사람은 자신의 한계를 지키려는 노력은 하지 않고 도망만 치려고 한다. 그리고 누가 자기 영역을 침범해도 못 본 척해 버린다. 결국 겉으로 드러나는 것이 거의 없기 때문에 아무도 그에게 무슨 일이 일어났는지 눈치채지 못한다. 상대가 눈썰미가 좋다면 얼굴빛이 변하는 정도만 알아차릴 수 있을 것이다.

내상을 입는 사람은 대개 얼굴이 창백해지고 입술이 오그라들며 눈빛이 흐려지고 피부는 축 늘어지거나 뻣뻣하게 경직된다. 그러나 이 순간에도 계속 친절한 미소를 보이는가 하면 의도적으로 고개를 끄떡이기까지 하기 때문에 스트레스를 주는 상황을 종결시키지 못한다.

/// 아무 이유 없이 몸이 아프다면 원인은 단 하나 ///

스트레스는 정신적 피해뿐만 아니라 신체적 피해도 유발한다. 불안한 감정이나 두려워하는 마음 또는 잦은 분노는 두통이나 소화 불량 증상을 야기할 수 있다. 또는 피부가 불쾌하게 근질거리거나 가슴이 답답하거나 위가 뒤틀리거나 배 속이 화끈거리는 등 다양한 증상이 나타난다. 경우에 따라 머리털이 곤두서거나 솜털이 쭈뼛 서기도 한다.

한 내과 전문의는 자신의 의학 칼럼에서 "'아니오'라고 말하는 법을 배우는 것을 방해받으면, 우리의 신체가 그 말을 대신할 수 있다"라고 말했다.

다음의 증상들은 한계 침범이 자주 일어났을 때 신체가 대신 '아니오'라고 말하는 반응들이다. 잦은 한계 침범이 해결되지 않을 경우 이것들 모두 만성이 되는 경향이 있다.

— **편두통**

— **근육 긴장**(어깨, 목덜미 등)

— **이명**

— **빈맥, 심장 혈관 협착, 신경성 심장 질환**

— **마른 기침, 호흡 장애, 천식**

— **과잉 식욕, 식욕 부진**

— **알레르기 반응**

— **피부 트러블**(건선, 갑작스러운 탈모 현상, 붉은 반점 등)

— **성기능 장애**(성욕 감퇴, 발기 부전 등)

— **위통, 구역질**

— **수면 장애**

— **방광염, 전립선 질환**

— **감기, 몸살, 각종 전염병 증상**

만성적으로 이런 증상이 나타나는 경우에는 언제 어떤 상황에서 그 증상이 나타나고 심해지는지 확인하는 것이 중요하다.

마르쿠스는 오랫동안 전립선 문제로 고생했다. 2년간 병원 치료를 받아 보았지만 원인을 밝혀 내지 못했고 무엇보다 별로 나아지지도 않았다. 그러던 어느 날 마르쿠스는 주간회의를 앞두고 방광과 전립선에 압박감을 느꼈다. 매출 압박을 받을 게 뻔한 회의였다. 그 순간 그는 이 증상으로 고통스러울 때의 공통점을 찾아냈다. 능력 이상의 목표를 강요받을 때, 할 일이 너무 많을 때, 장시간 집중해서 들어야 할 때 등 한계에 도달하거나 한계를 초과할 때 이런 증상이 나타났다. 이로써 상황과 증상의 연관성은 분명해졌다. 전립선 문제는 한계 파악이 늦었을 때 나타나는 증상이었던 것이다.

중요한 것은 전립선 문제가 신체기관의 상징적 신호가 아니라는 것이다. 오로지 한계를 위협받을 때 몸에서 가장 허약한 부분이 스트레스에 반응을 보이는 것뿐이다. 이러한 신체적 피해는 몸이 보내는 SOS 신호와 같다. 이럴 때는 더 이상 신호를 무시하지 말고 자신의 생활과 몸을 돌아보아야 한다.

/// 단호해지지 않으면 결국 손해 보는 건 나 자신이다 ///

스트레스 상황에 적절한 조치를 취하지 못해 정신적·신체적 피해를 입었을 때 사람들은 이렇게 묻는다. "제가 참아야 할까요? 아니면 참지 말아야 할까요?" 그러나 이 질문보다 더 중요한 것은 "같은 상황이 반복되지 않으려면 어떻게 해야 할까요?"이다.

피해를 입은 자신을 동정하거나 뒤늦게 혼자 화를 내며 후회하는 것은 당신을 위로하지도, 도와주지도 못한다. 우리가 할 수 있는 일은 내가 무엇을 위협으로 받아들였는지 또 같은 일이 벌어진다면 어떻게 행동할 것인지를 냉정히 생각해 보는 것이다.

주변 상황에 이리저리 휩쓸리면서 억지웃음을 짓고 싶지 않다면, 뒤돌아서서 누군가를 미워하고 싶지 않다면 질문의 내용을 바꿔라. 아마 당신의 삶이 조금씩 바뀔 것이다.

몸을 통해 마음의 한계를 설정하는 방법

"세상에서 가장 어리석은 일은
어떤 이익을 위하여 건강을 희생하는 것이다."

- 에드먼드 스펜서, 영국 시인

마르티나는 연례 회계보고서를 작성할 때 완전히 일에 파묻혀 버린다. 무언가 하나라도 틀린 것을 발견하면 원인을 찾을 때까지 전혀 쉬지도 못한다. 집에 갈 때가 되어서야 비로소 등이 시리고 뻐근할 만큼 과로했다는 것을 알 정도다. 오늘도 마르티나는 사무실에서 가장 늦게 퇴근했다. 집에 도착하니 눈이 따끔거리고 편두통 증세까지 나타났다. 마르티나는 왜 하필 한창 바쁜 시기에 병이 나는지 모르겠다고 생각하며 편두통 약을 챙겨 먹었다.

우리 사회를 지배하는 이데올로기 중 하나는 '난 할 수 있다!I can do it.'다. 사람들은 정신력에는 끝이 없고 할 수 있다고 믿으면 몸은 따라와 줄 것이라고 생각한다. 그러나 사실은 그렇지 않다. 정신과 에너지는 무한할지 몰라도 몸은 유한하다. 몸에는 분명한 한계가 있고 한계에 가까이 도달하면 이상이 생기기 마련이다.

몸은 한계 상황을 지각하는 능력을 가지고 있다. 무언가 불쾌하거나 싫은 상황에 처했을 때 '배'가 아팠던 기억이 한 번쯤은 있을 것이다. 아니면 배 속에서 이상한 느낌을 받았거나 가슴이 갑갑해지고 불쾌하게 근질거리는 느낌을 받았던 경험은? 모두 몸이 보내는 신호다. 누군가 우리의 울타리를 넘어 가까이 다가오려 할 때도 가장 먼저 알아차리는 것은 몸이다.

그러나 신체에 대해 뚜렷한 감각을 유지하지 못할 때는 몸이 보내는 신호를 느끼지 못한다. 자신의 한계가 위험에 처했다는 징후도, 자신이 스트레스 상황에 빠졌다는 사실도 알아차리지 못한다. 과중한 업무에 정신없이 매달려 있을 때는 아무 일 없다가 일이 끝나면 온몸이 비명을 지르며 고통을 호소하는 것도 같은 이유다.

우리의 몸은 우리에게 끊임없이 무엇이 중요한지 말해 준다. 그러나 우리는 머리가 하는 방해 공작에 너무 쉽게 휘말려 정확한 판단을 내리지 못한다. 그래서 사전에 몸이 하는 말을 듣는 연습을 하는 것이 중요하다. 충분히 연습한다면 모든 일이 벌어지고 나서 뒤늦은 반응을 보이는 일은 없을 것이다.

/// 몸의 말을 듣기 위해 시간과 노력을 투자하라 ///

몸은 자신만의 방식으로 말을 하기 때문에 몸이 보내는 신호를 알아차리기 위해서는 감각에 집중하고 세심하게 귀를 기울여야 한다. 처음에는 쉽지 않을 것이다. 여태까지 몸의 감각을 소홀하게 여겼고, 몸을 존중하지 않았던 것이 익숙하기 때문이다.

어떤 사람은 몸이 보내는 신호를 무시한 채 여러 해 동안 한계를 넘는 일을 지속하다가 결국 몸에서 문제가 생기고 나서야 마치 예기치 못한 일을 당한 것처럼 당황하며 몸을 돌보기도 한다. 또 어떤 사람은 몸을 자신을 과시하는 일종의 장신구 정도로 생각하기도 한다. 그중에서도 가장 위험한 사람은 이상적인 미美에 걸맞지 않다는 이유로 끊임없이 자기 몸을 적대시하는 사람들이다. 병적으로 마른 몸에 집착하며 거식

증을 보이는 사람이 이런 경우다.

그러나 정신과 마찬가지로 몸 역시 인지 능력과 지적 능력을 가지고 있다. 나의 인생이라는 배를 어떻게 조종할 것인가? 모든 것이 조화를 이루는가? 나 자신을 어떻게 느끼는가? 위험은 없는가? 깊은 구덩이는 어디에 도사리고 있는가? 무엇이 나에게 다가오는가? 무엇에 대비해 무장해야 하는가? 나는 안전한 물에서 노는가? 이런 질문에 답할 수 있는 것은 비단 머리뿐이 아니다.

한계 인지와 설정에 관해서는 몸이 정신보다 더 즉각적인 반응을 보인다. 그러니 지금이라도 몸과 정신의 조화로운 공생을 위해 몸의 가치를 인정하고 그에 합당한 존중을 해 주어야 한다.

/// 몸의 반응으로 한계 인지하기 ///

신체 증상으로 한계를 인지하는 방법을 알고 싶다면 다음과 같은 실험이 도움이 될 것이다.

먼저 세 가지 상황을 상상해 보자. 첫 번째 상황은 당신이 능력 이하의 손쉬운 일만 해서 지루한 상황이다. 두 번째는 능력 이상의 일을 맡아 지나치게 부담을 받은 상황, 세 번째는 주어진 일이 약간 도전적이지만 지나치지는 않았던 상황이다.

다시 말해 당신의 한계에 훨씬 못 미치는 쉬운 상황과 당신의 한계를 넘어서 힘들었던 상황, 그리고 한계 직전까지 갔지만 능력 범위를 초과하지 않아 성취감을 느꼈던 상황 세 가지라고 할 수 있다.

실험은 간단하다. 종이를 한 장 펼치고 각각의 상황을 구체적으로 묘사한다. 어떤 업무를 맡았는지, 내 역량은 어느 정도였는지, 기간은 얼마나 주어졌는지를 적는다. 그리고 그 상황을 떠올리면서 아래의 질문에 답하면 된다. 시작은 쉬운 상황부터 하도록 하고, 힘든 상황에 대한 답을 떠올릴 때는 그 일에서 풀려난 상황과 혼동하지 않도록 하자. 각각의 일들이 마치 방금 발생한 것처럼 생각하면서 가능하면 명확하고 세부적으로 그 상황을 기억해 보라.

— **지금 어떤 상태인가?**(안정, 침착, 불안정 등)

— **몸에서 무엇을 인지하는가?**

— **무엇이 방해받는 기분인가?**

— **몸이 어떻게 느껴지는가?**(힘이 넘치거나 빠지거나, 적극적이거나 수동적이거나, 정신이 또렷하거나 졸리거나)

— 호흡 상태는?(고르거나 가쁘거나, 느리거나 빠르거나)

— 근육 상태는?(팽창, 이완 등)

— 체온은 어떤가?

— 혈액 순환은 잘 되는가?

— 머리는 맑은가, 아니면 몽롱한가?

— 압박감을 느끼는가? 느낀다면 어느 부위에서?

— 갑갑함은 어느 부위에서 느끼는가?

한 상황이 끝나면 다음 상황을 구체적으로 떠올리고 똑같이 질문을 던진다. 각 상황에 대한 실험이 끝나면 세 가지 상황의 차이를 알 수 있을 것이다.

손쉬운 상황은 지루할 것이고, 능력 이상의 것을 요구하는 일은 버거울 것이며 한계를 침범하지 않는 선에서 역량을 극대화시키는 상황은 일을 마쳤을 때 쾌감을 선사할 것이다.

상황에 따라 다르게 나타나는 몸의 반응을 알았다면 앞으로 새로운 상황에 처했을 때 자신이 지금 어떤 상태인지 보다 분명하게 깨닫고 그에 맞는 행동을 취할 수 있게 될 것이다.

/// 한계를 넘어선 것 같을 때 해야 할 질문들 ///

그렇다면 한계가 초과된 상황을 객관적으로 판단하기 위해서는 어떻게 해야 할까? 한계가 초과된 구체적인 상황을 떠올려 보고 다음의 물음에 답해 보자.

1단계 : 누가 당신의 경계를 침범했는가?

— 다른 사람이 당신의 경계를 침범하는 경우가 더 많은가?

— 아니면 당신 스스로 당신의 경계를 벗어나는가?

2단계 : 어떤 성향의 반응을 하는가?

— 외부로 반응을 표출하는가 아니면 내부로 돌리는가?

— 화를 내는가? 자제력을 잃는가? 욕을 하는가?

— 후퇴, 양보, 포기, 자책, 체념, 고통, 우울 가운데 가장 자주 보이는 반응은 무엇인가?

— 어떤 형태의 한계 침범에 대해 외부로 반응하며, 어떤 형태에 대해 내적인 반응을 보이는가?

3단계 : 어느 시점에 한계가 침범당했다는 것을 깨닫는가?

— 사전에 그것을 알 수 있는가?

— 침범 직전에 아는가? 아니면 상대가 다가오는 것을 어느 정도 지켜보는가?

— 경계를 침범당하는 중에 아는가?

— 침범당한 후에 아는가?

— 시간이 꽤 흐르고 나서야 아는가?

— 경계를 침범당하고 나서 얼마나 늦게 아는가?

— 침범당하기 전에 당신의 상태는 어떤가?

— 침범당하는 동안에는 어떤 상태인가?

— 침범당한 뒤에는 어떤 상태인가?

4단계 : 무엇으로 한계 침범을 아는가?

— 다른 사람이 그것을 알려 주는가?

— 침범한 사람의 일정한 행동으로 아는가?

— 자신의 반응을 통해 아는가?

— 생각을 통해 아는가?

— 느낌이나 분위기로 아는가?

— 신체적인 상태로 아는가?

— 스트레스와 긴장, 압박, 불안이 속에서 치미는 것을 느끼는가? 언제, 어디서, 어떻게?

— 분노와 공격 심리가 속에서 치미는 것을 느끼는가? 언제, 어디

서, 어떻게?

— 도주, 양보 또는 체념을 하고 싶은 기분인가?

— 그런 심리는 어떤 감정이나 상태로 이어지는가?

— 언제 신체 증상을 알았는가?

— 신체 증상이나 고통을 알 수 있는가? 어디서, 어떻게?

5단계 : 어떻게 한계를 넘어설 수 있는가?

— 어떤 생각이 당신의 한계를 넘도록 만드는가?

— 어떤 감정과 기대가 당신의 한계를 넘도록 만드는가?

— 정확하게 무엇이 이런 생각과 감정을 불러일으켰는가?

— 분란을 만들지 않기 위해 어떻게 이런 생각과 감정을 확대하거나 변화시켰는가?

— 시간이 지나서 돌아볼 때, 결국 이런 한계 초과를 가능하게 했던 것은 무엇인가?

/// 뒤처지더라도 조금 쉬어야 다시 뛸 수 있다 ///

잉게는 탈진 증후군 때문에 이미 회복기 환자 요양소에도 다녀온 적이 있다. 잠시 요양소에 머문 결과, 몸 상태는 나아졌지만 결정적인 변화는 없었다. 잉게는 여전히 일이나 자기 자신에 대해 한계를 지키지 못했고 고객과 동료들의 무리한 요구에도 적절히 선을 긋지 못했다. 결국 과거의 생활 리듬이 되살아났다. 평일이면 녹초가 될 때까지 일하다가 주말이 되면 병이 났다. 그러면 몸은 쉽게 회복이 되지 않았고 힘도 쓸 수 없었다. 완치될 때까지 몸을 아끼는 수밖에 없었다. 증상은 계속 바뀌고 혼란스러웠다. 감기에 걸리거나 위장 장애가 생겼다가 근육통이 생기기도 했으며 이 모든 증상이 한꺼번에 나타나기도 했다. 때로는 월요일이 되어도 출근할 수 없을 만큼 몸이 좋지 않았다. 금요일에 출근하지 못하는 날도 많아졌다. 장기 결근이 늘어나다 보니 나중에 처리해야 할 업무가 쌓일 수밖에 없었다. 그러면 덩달아 압박감도 커졌다.

결국 잉게는 이런 악순환에서 벗어나기 위해 몸 관리에 정성을 들이게 되었다. 몸의 반응을 느끼는 법을 익히자 몸 상태를 더 쉽게 파악할 수 있었다. 잉게는 자신의 몸과 감각적인 접촉을 유지하면서 위협적인 증상이 나타나기 이전에 그것을 예상하게 되었다. 그러면 잉게는 병이 들 때까지 기다리지 않고 일을 중단했으며 공식적으로 휴가를 냈다. 초반에 연차를 쓰는 일이 잦은 것은 어쩔 수 없었지만 대신 휴식을 되찾은 저녁 시간과 주말에는 건강했다. 잉게는 충분히 휴양을 한 뒤에 에너지를 재충전할 수 있었다. 갈수록 휴식이 필요한 시간의 간격은 벌어졌고 힘과 건강을 되찾으면서 업무 능력도 지속적으로 향상되었다.

잉게의 경우에 효과는 분명했다. 스스로 적극적인 대책을 세워 휴식을 취하는 것을 미루지 않았다. 적시에 여가 시간을 확보했기 때문에 능력 이상의 요구와 병에서 오는 악순환을 멈출 수 있었다. 간단해 보이지만 대부분의 사람들이 이렇게 즉시 대책을 세우지 못한다. 사람들은 대개 "그렇게 편하게 쉴 때가 아니다"라고 생각하며 휴식에 대한 욕망을 내면에서 억제한다. 여가나 쾌락, 재미를 금하는 태도가 마음속 깊이 각인되어 있기 때문이다. 휴식과 정상적인 몸 상태, 자유, 휴양의 효과를 인식해야만 여유 시간이 필요하다는 것을 인정하고 그 시간을 누릴 수 있다.

/// 건강한 신체에 건강한 정신이 깃든다 ///

몸이 하는 말을 들을 수 있고 신체 반응을 인지할 수 있게 되면 조화와 안정, 위험과 기회의 감각에 예민하게 반응하는 직관력을 갖게 된다. 직관은 기회와 성공, 위험에 대한 예지력이라고 할 수 있다. 그렇기 때문에 우리가 신체 감각을 정상적인 생활을 영위할 수 있도록 도와주는 내면의 언어로 이해한다면 더 이상 고통이나 감각 마비에 사로잡힐 위험은 발생하지 않을 것이다.

몸과 정신이 서로 협력할 때 우리는 한계를 넘지 않으며 현실에 단단한 뿌리를 내리고 살 수 있다. 우리의 생각은 이상뿐만 아니라 현실과 계속 접촉할 것이고 우리의 감정도 숨겨야만 하는 대상이 아니라 자유롭게 표현할 수 있는 대상이 된다. 우리의 내면세계 역시 생각과 감정, 신체 상태의 조화로운 결합을 통해 확대될 수 있다. 그동안 대수롭지 않게 생각했던 생각과 감정, 감각을 제대로 인지하기 위해 노력해 보자. 세 요소들이 상호보완하며 조화를 이룰 때 건강한 태도로 자신과 세계에 접근할 수 있을 것이다.

용기를 내라,
인생에서 한 번은 단호해져야 한다

"당신이 되고 싶었던 어떤 존재가 되기에는 지금도 결코 늦지 않았다."

- 조지 엘리엇, 영국 소설가

한 가지 고백할 것이 있다. 책에 소개한 방법들로 한계를 설정하려고 할 때 장애물과 마주치는 일이 일어날 수도 있다는 것이다. 예를 들어 우리가 관계를 새로운 모습으로 변화시키려고 할 때 상대방이 이에 호응하지 않는 경우다. 이럴 때 그 사람이 우리의 의도는 보지 않고 기존에 그의 마음속에 형성된 이미지만을 고집한다고 비난할 수는 없다. 앞에서 설명한 대로 인간은 상호 소통에 대한 낡은 수용 방식을 믿기 때문에 변화를 위한 신호를 보내도 무시당할 수 있다. 그래서 우리에게 인내가 필요한 것이다.

만약 새로운 신호가 전달되지 않았다면 상대에게 신호에 대한 의도를 직접 설명할 수 있다. "한 마디만 할게"라든가, "요즘 들어 힘든 일이 생겼어. 너도 내가 최근에 예전과 다르게 행동한다는 걸 느꼈을 거야. 이제 나는 나를 지키면서 살고 싶어. 나를 중심에 두는 삶을 살려고 해"라고 말할 수 있다. 의도를 제대로 파악하지 못하는 상대를 비난하는 것이 아니라 우리의 마음속에서 일어난 일이나 변화를 위해 우리가 얼마나 애쓰는지를 보고하는 형태로 말하는 것이 좋다. 이렇게 함으로써 비로소 당신의 의도가 상대에게 전달될 것이다.

/// 가장 가까이에 있는 것부터 시작하라 ///

단호해지는 방법과 단호한 마음가짐을 배워도 각자의 삶의 경험에 따라 자발적으로 한계를 정하지 못하거나 어려워할 수 있다. 효과적이고 익숙한 방법으로 한계를 설정하는 사람도 있고 소통을 하며 한계를 정하는 방법을 배우지 못한 사람도 있다는 말이다. 후자의 경우 단호해지려 할 때 위축되기도 하고 자신이 납득할 수 있는 수단이나 기술이 무엇인지 모를 때도 있다. 또 사고 습관과 생각의 금기 사항 때문에 용기를 내서 자신에게 필요한 것과 바라는 것이 무엇인지 스스로에게 물어보지 못하는 일이 생길 때가 종종 있다. 그러면 확실하게 판단하는 길은 막히고, 합리적인 대처 방법은 더 멀어진다.

날씨를 알고 싶은 사람은 점을 칠 것이 아니라 잠깐 문밖으로 나가 보면 된다. 지금 당장 무슨 옷을 입고 외출해야 할지 고민이라면 컴퓨터로 날씨를 확인하는 대신 창문을 열어 보는 것이 낫다. 이처럼 가까이에, 바로 코앞에 닥친 문제가 먼저다.

자기 자신의 삶의 위치를 받아들이고 자신을 지키려고 할 때 가까운 과제 대신에 일 년에 한두 번 발생하는 멀리 있는 문제를 먼저 해결하려 하는 사람은 없다. 가장 첫 번째로 해결해야 할 문제는 구체적인 삶의 문제와 맞닿아 있는 것이어야 한다. 나와 가장 가까운 사람, 가장 자주 부딪치는 문제부터 하나씩 차근차근 적용해 나가면 된다.

베아트리체와 토마스는 함께 산 지가 벌써 3년이나 되었다. 토마스는 밖에서 노는 것을 좋아했다. 친구들과 파티를 열거나 밤늦도록 모임을 갖는 자리에서 토마스의 기분을 망치고 싶지 않았던 베아트리체는 다음 날 분명히 몸이 안 좋을 것을 알면서도 토마스를 따라다녔다. 토마스를 놓치고 싶지 않았기 때문이다. 그래서 베아트리체는 피곤해도 졸지 않으려고 카페인을 섭취해 가면서 정신을 차리고 분위기에 어울리려고 애를 썼다. 하지만 시간이 갈수록 뜻대로 되지 않았다. 두통과 피곤한 몸을 더 이상 견딜 수 없는 날이 많아졌고 다음 날이면 병가를 낼 수밖에 없었다. 이런 낌새가 느껴지면 토마스는 베아트리체를 태우고 일찍 집으로 돌아왔고 그날 밤의 모임은 그것으로 끝이었다. 베아트리체는 갈수록 분위기를 깨는 사람이 되었고 그럴수록 정신을 차리려고 애를 썼다.

마침내 보다 못한 베아트리체의 친구가 베아트리체의 이성에 대고 토마스를 잃는 한이 있더라도 무리하게 끌려다니지 말고 자신의 한계를 지켜야 한다고 설득했다. 이 말이 효과가 있었다. 베아트리체는 언제 자신이 한계를 넘는지 제때에 알 수 있도록 자신의 몸을 인지하는 데 노력했다. 더 이상은 안 되겠다 싶으면 그녀는 택시를 타고 집으로 돌아갔다. 토마스는 계속 남아서 친구들과 어울리게 했다. 이렇게 해서 베아트리체는 토마스를 잃지 않았다. 두 사람이 바라는 것과 필요한 것이 서로 다르다는 것을 터놓고 대화하는 자리에서 토마스는 베아트리체가 자신처럼 밖에서 친구들과 어울리는 것을 즐기지 않아 슬프지만 베아트리체가 자신의 곁에만 붙어 있는 것은 두 사람 누구에게도 도움이 되지 않는다는 것에 동의했다. 이후 재미있는 변화가 생겼다. 서로 각자의 요구를 존중받다 보니 베아트리체와 토마스의 사이는 점점 더 좋아졌고, 자신의 한계를 주목한 뒤로 베아트리체는 갈수록 활동의 폭을 넓혔기 때문이다. 신체적으로도 나아졌고 기분도 다시 좋아졌기 때문에 베아트리체는 자신이 원할 때면 긴 시간 외출하고도 후회하지 않게 되었다.

진정으로 우리를 생각해 주고 아껴주는 사람들은 우리의 변화를 지지해 준다. 그들 역시 우리의 변화가 생경하고 달갑지 않을 수 있지만 이것이 우리 자신을 위한 선택임을 안다면 그 누구보다 우리를 응원해 줄 것이다. 그러니 용기를 가지고 당신과 가까이에 있는 문제들부터 시작하라. 작은 성공의 경험이 쌓이면 어렵고 복잡한 과제에도 좀 더 쉽게 접근할 수 있을 것이다.

Chapter 4

누구도
내 인생을

마음대로
휘두르게
내버려 두지 마라

한계선을 긋는 일에는 누구에게나 맞는

'프리 사이즈'란 없다.

투포환 부문 우승자가 100미터 달리기에서는

꼴찌를 할 수도 있는 것처럼

각자 자신의 상황에 맞는 한계선을 찾아야 한다.

나를 돌보지 않으면서
행복해지길 바라는 것은 어리석은 일이다

"그대가 마주칠 수 있는 가장 고약한 적은 언제나 그대 자신일 것이다."

- 프리드리히 니체, 『차라투스트라는 이렇게 말했다』

사람들은 사랑하는 사람의 부탁을 잘 거절하지 못한다. 아무리 냉정하고 이기적인 사람이라고 해도 자신에게 소중한 누군가가 간절히 부탁해 오면 그 부탁을 들어주기 위해 자기 욕구를 보류하고 상대에게 도움이 되는 방법을 찾는다. 그것이 내가 원하는 것이든 아니든, 사랑하는 사람에게 상처를 주고 싶지 않은 것이다.

비앙카는 어머니와의 사이에 문제가 있었다. 두 사람은 자동차로 한 시간쯤 걸리는 거리에서 각각 따로 살고 있었다. 아버지가 돌아가신 후 엄마는 비앙카에게 많은 것들을 의지했다. 집을 수리하는 것부터 은행 업무까지 비앙카에게 기댔고, 이웃들과 가까이 지낼 생각은 하지 않고 오직 일주일에 한 번 딸이 자신을 방문하는 것을 유일한 낙으로 여겼다. 하지만 엄마의 이런 기대는 비앙카에게 엄청난 압박감으로 다가왔다. 주말 약속은 모두 취소해야 했고, 불가피하게 참석해야 할 때는 엄마가 실망할까 봐 죄책감에 사로잡혔다. 그녀는 이 모든 상황이 부담스럽고 싫었지만 아버지 없이 갑자기 혼자가 된 엄마를 생각하며 싫은 감정을 억눌렀다. 하지만 시간이 흐를수록 부정적인 감정은 커져만 갔다. 비앙카는 엄마와 함께 있을 때면 화를 억제하지 못했다. 늘 인상을 쓰고 짜증 섞인 말투로 마지못해 대꾸를 했다. 사소한 일로 화를 내거나 엄마와 다툴 때도 있었다. 또한 주말이 가까워질수록 우울해졌고 토요일에 집을 나설 때는 깊은 피로감을 느꼈다. 평일에 엄마가 전화만 해도 화가 날 지경이었다. 그러나 매주 엄마를 찾아가는 것을 그만두지는 못했다. 마음 한구석에는 엄마에게 잘해드리고 싶고 또 그래야 한다는 생각이 강하게 남아 있었기 때문이다.

그러나 이런 비앙카의 희생과는 달리, 엄마는 엄마대로 상처를 받고 있었다. 집에 오면 화만 내는 딸을 볼 때마다 자신이 딸에게 귀찮은 존재가 된 것 같은 생각을 떨칠 수 없었다. 그리고 언젠가 딸이 영영 떠날지도 모른다는 두려움은 그녀로 하여금 더욱 비앙카에게 집착하게 만들었다. 그래서 자꾸만 비앙카에게 이런저런 요구를 하며 사랑과 관심을 확인하려 했던 것이다. 그러나 이런 엄마의 태도는 비앙카를 더욱 힘들게 했고 더 이상 즐겁고 가벼운 마음으로 엄마를 만나는 것을 불가능하게 만들었다.

/// 나는 나, 부모는 부모 ///

우리는 사랑하는 사람들에게 이해받고 싶어 한다. 특히 배우자에게, 부모에게, 자식에게, 친구에게 이해받고 있다는 믿음은 삶을 뒷받침해 주는 든든한 기반이 된다. 그런데 이런 가까운 관계가 의존적인 관계로 변하면 떠안는 쪽은 엄청난 책임감을 느끼게 된다. 자기 인생을 희생하면서까지 책임져야 한다는 의무감 때문에 다른 사람에게 휘둘리며 평생 불행한 삶을 살 수도 있다. 그런 불행을 막기 위해서는 무엇보다 정확하고 객관적인 현실 인식이 필요하다.

비앙카의 경우도 마찬가지였다. 몇 번의 상담을 하면서, 나는 비앙카가 자신이 진정 원하는 것이 무엇인지조차 모르고 있다는 생각이 들었다. 그녀는 더는 엄마에게 얽매이고 싶지 않다고 말했지만, 그 말을 하자마자 엄청난 죄책감에 몸부림쳤다. 그저 지쳤다는 이유로 엄마를 만나러 가지 않는 건 스스로도 용납할 수 없었기 때문이다. 그녀는 키워 준 은혜도 모르는 비정한 딸이 되고 싶지 않았다. 그러나 지금 이대로 지내는 것도 견딜 수 없었다.

나는 비앙카 앞에 빈 의자를 하나 놓고 엄마가 앉아 있다고 상상해 보라고 했다. 그리고 마음속으로 엄마의 지나온 과거와 현재 상황, 기대와 욕구를 생각해 보라고 말했다. 그녀는 마치 자신이 엄마가 된 것처럼 그녀의 인생을 돌아보았다. 그러자 비록 자신을 향한 기대가 지나치기는 하지만 이해할 수 없는 정도는 아니라는 생각이 들었다. 비앙카는 처음으로 엄마의 마음을 알 것 같았다. 그 기대를 만족시킬 수 없다고 해도 엄마가 자신을 괴롭히기 위해 그렇게 행동한 게 아니라는 것만은 확실히 느낄 수 있었다.

그다음에는 자기 자신을 의자에 앉힐 차례였다. 나는 그녀에게 물었다. "당신이 지금 원하는 것은 무엇입니까?" 긴 침묵 끝에 그녀는 직장 생활에 지친 몸과 마음을 돌볼 자기만의 시간이 필요하다고 말했다. 그리고 일하느라 미뤄 둔 공부를 하고 싶다는 욕구, 조금 늦었지만 대학원에 가고 싶다는 욕구들도 찾아냈다. 그녀는 스스로에게 이런 질문을 한 번도 해본 적이 없었다는 사실에 새삼 놀랐다. 특히 아버지가 돌아가신 후에는 남겨진 엄마를 보살펴야 한다는 책임감 때문에 자기 욕구를 떠올리는 것조차 회피했다. 그러나 자신이 무엇을 원하는지 분명하게 알지 못했기 때문에 오히려 자기 자신도 엄마도 힘들게 만들었다는 것을 이제는 알 수 있었다.

그녀는 자신을 위해 살고 있지도 않았고, 엄마를 위해서 최선을 다하고 있지도 않았다. 그저 나쁜 딸이 되고 싶지 않아서 이러지도 저러지도 못한 채 그 누구도 만족하지 못하는 인생을 살고 있을 뿐이었다. 자신의 현실을 정확하게 인식하자, 엄마의 요구를 거부하는 데 대한 죄책감이 훨씬 줄어들었다. 드디어 그녀는 엄마에게 자신이 하고 싶은 공부에 대해 이야기할 수 있었고, 3주에 한 번 엄마를 보러 오는 것이 지금 자신이 할 수 있는 최선이라는 말도 전할 수 있었다.

그렇게 방문 횟수를 줄이고 자신이 원하는 일에 집중할 수 있게 되자 엄마를 만나는 것이 숙제처럼 느껴지지 않았다. 예전처럼 다정하게 대화를 나눌 수 있었고, 엄마 역시 한결 부드러워진 비앙카에게 안정감을 느꼈다. 물론 비앙카는 여전히 엄마를 만날 때면 마음이 약해진다고 했다. 엄마가 다시 전처럼 많은 것을 기대하는 듯한 말을 할 때마다 마음이 무거워졌고 괴로웠다. 하지만 집으로 돌아오는 길에는 다시 평정을 되찾을 수 있었다. 엄마가 자신의 욕구를 실현시키려고 하는 것처럼, 자신 역시 스스로의 생각대로 욕구를 주장하고 실천할 권리가 있다는 것을 알았기 때문이다.

/// 누구보다 자기 자신을 먼저 보살펴라 ///

가까운 사이일수록 상대를 객관적으로 보는 일은 어렵다. 누군가 우리를 소유하려고 할 때 우리는 강렬하게 저항하지만, 가까운 관계에서는 죄책감이 작동한다. 그 사람이 바라는 대로 해 주는 것이 마치 사랑의 징표라도 되는 것처럼 상대의 욕구를 들어주어야 할 것 같은 의무감을 느끼는 것이다. 그러나 아무리 사랑하는 사이라고 해도, 심지어 부모라고 해도 인생이 엉뚱한 방향으로 흘러갈 정도로 희생해서는 안 된다.

책임감 때문에 이러지도 저러지도 못하고 괴로워하는 상태라면 비앙카가 했던 것처럼 서로를 객관적으로 바라보고 공감해 주는 대화를 시작해 보자. 상대를 객관적으로 볼 수 있게 되면 그 사람을 더 잘 이해하게 되는 것은 물론, 자기 자신을 객관적으로 보는 것도 수월해진다. 중요한 것은 이렇게 서로를 객관화해서 대화하는 동안에는 절대 스스로를 책망하거나 감정을 억압하지 말아야 한다는 것이다. 마음속에 떠오른 욕구들을 솔직하게 털어놓아야 진정으로 자신이 원하는 것을 발견할 수 있다.

우리는 모두 각자의 상황과 감정 속에서 살아가는, 한계를 가진 사람들이다. 가족 관계든, 친구 관계든, 한 직장에 다니든, 100명이 모이면 100명 모두 각기 다른 관심사와 욕구가 있다. 이것은 상호 보완적인 경우도 있지만 대립적인 경우가 더 많다. 그러므로 자신의 욕구를 단호하게 말하고 실현하는 것은 당연히 익혀야 하는 삶의 지혜인 셈이다.

누군가를 위해 희생하면서도 한없이 기쁘기만 하다면 아무 문제없다. 그러나 그렇지 않다면 자신이 할 수 있는 한계까지만 베풀고 단호하게 선을 지켜야 한다. 당신의 순수한 사랑과 배려가 원망 섞인 목소리로 보상을 바라기 전에 말이다.

우리를 강하게 만들고 성장하게 하는
한계 설정의 기술

"사람은 걷는 규칙을 배워서 걷지 않는다.
걸음을 시도하고, 넘어지면서 배운다."

- 리처드 브랜슨, 영국 버진그룹의 CEO

인기 유튜브 채널 '피트니스 블렌더'의 트레이너는 힘들어서 죽을 것 같을 때 '10초 더' '10회 더'를 외친다. 모두가 부러워하는 단단한 초콜릿 복근은 근육이 찢어지는 것 같은 고통을 넘어선 순간에야 비로소 만들어질 수 있기 때문이다.

한계선을 찾는 일도 마찬가지다. 한계를 확인하고 그 선을 지키라는 말을 몸을 사리며 높은 담장 안에 안전하게 숨어 있으라는 말로 오해하면 안 된다. 물론 단호하게 선을 긋는 것은 외부로부터 오는 강요와 요구를 막아 내는 방패가 될 수도 있고, 내부에서 발생하는 무분별한 자기 희생과 친절, 자기 비하를 막아 주는 울타리가 되기도 한다. 그러나 능력을 계발하는 데는 현재 자신의 능력이 어느 정도인지 확인하는 기준으로 쓰여야지 성장을 가로막는 장애물이 되어서는 안 된다.

/// 자신의 한계를 발견하는 방법 ///

지금 내 능력으로 할 수 있는 일의 한계점을 찾는 데는 수많은 시행착오와 피나는 노력이 있어야 한다. 그러나 처음부터 너무 무리한 도전을 해서 한계점을 확인하려고 하면 안 된다. 초심자에게 무리한 목표는 능력을 과소평가하게 만드는 원인이 된다. 그들은 한 번의 실패로 자신의 능력치를 결정지어 버리고 다시는 그 비슷한 시도를 하지 않는 실수를 저지르기 쉽다. 반대로 너무 작은 목표는 능력을 과대평가하게 만든다. 손쉽게 얻은 성과는 최선을 다하려는 열정을 시들게 하고 모든 일을 시시하게 보이도록 만들 수 있다. 자신의 능력을 전부 발휘하지 않는 범위에만 머무르기 때문에 삶이 지루할 수밖에 없는 것이다. 다시 말해, 능력의 한계를 제대로 알지 못하면 어느 쪽이든 잘 살아 보겠다는 의욕과 의지가 사라질 수 있다.

그렇다면 성장하도록 이끄는 한계 설정이란 무엇일까. 그것은 한계에 부딪혔을 때 어떤 성찰을 했느냐에 달려 있다. 누구나 한 번쯤 목표를 이루기 위해 노력하다가 힘에 부쳐 좌절해 본 경험이 있을 것이다. 그때 당신은 어떻게 반응했는가. 예를 들어 수학 공부를 하고 있다고 생각해 보자. 어려운 문제를 앞에 두고 어떻게 행동했는가.

— 다른 문제로 건너뛴다.

— 아예 공부를 중단하고 밖으로 나간다.

— 스스로를 책망한다.

— 수학책의 가치를 평가 절하한다.

— 수학은 포기하고 국어에 집중해야겠다고 생각한다.

가장 좋은 결론은 문제 풀이에 매달리지 말고 잠시 책을 덮고 주위를 환기시킨 후 어떤 해법이 있을지 생각해 보는 것이다. 사람들은 흔히 처음으로 어려움에 부딪혔을 때 자신의 한계선을 확인했다고 착각한다. 지금까지 해 오던 방식으로 문제를 해결할 수 없으면 아예 등을 돌리거나 포기해 버린다. 그러나 그것은 스스로를 작은 울타리 안에 가두는 일이다. 앞에서 말한 것처럼 자기 한계를 실제 능력보다 좁게 설정하면 아무 일에도 도전할 생각을 하지 못하고 자존감이 약해진다. 문제에 부딪혔을 때 우리가 처음으로 해야 할 일은 한 발 물러서서 어떻게 해결하면 좋을지 생각할 시간을 갖는 것이다. 그래야 잠재력을 끌어내고 한계선을 확장할 기회를 마련할 수 있다.

한계 설정에는 누구에게나 맞는 '프리 사이즈'란 없다. 투포환 부문 세계 기록 보유자가 우리보다 공을 더 멀리 던질 수 있다고 해서 100미터 달리기에서도 우리보다 나을 것이라는 보장은 없다. 그가 달리기에서 발휘할 수 있는 능력은 엄청나게 줄어들지도 모른다. 평범한 우리가 그를 이길 가능성도 있는 것이다.

또 한 개인이라고 해도 시간대별로, 몸의 컨디션에 따라 한계선은 달라진다. 아침에 눈을 떴는데 전날보다 훨씬 피곤하고 몸이 무겁다면 그날 그 사람이 할 수 있는 일은 전날보다 많지 않다. 그래서 한계선을 찾는 일은 자기 자신에 대한 세심한 관찰과 실험이 필요하다.

다른 사람의 한계선을 동일하게 적용해서도 안 되고, 자신의 한계선을 알고 있다고 해서 그것을 모든 일에 고정시켜서도 안 된다. 한 번 자신의 한계를 발견했다고 해서 그 범위 안에만 머무르는 것은 스스로 삶의 의지를 꺾어 버리는 것과 다를 바 없다.

/// 승리의 경험을 늘려 나가라 ///

한계를 극복하기 위해서는 자기 자신을 비상 상황에 노출시켜 보는 것도 좋은 방법이다. 사람들은 비상 상황에 닥치면 엄청난 에너지가 필요하다는 것을 직감한다. 그래서 모든 감각을 문제 해결에만 집중하고 냉철한 판단을 내리기 위해 노력한다. 우물쭈물하는 것은 아무런 도움도 안 된다는 것을 알고 있기 때문이다. 비상 상태를 극복하고 얻은 성취는 스트레스를 기분 좋은 흥분 상태로 바꾸고 더 강해졌다는 느낌과 더불어 자신감을 준다. 그럴 때 한계선 역시 자연스럽게 확장될 수 있다.

단호하게 자신의 한계선을 긋는다는 것은 안전하고 익숙한 길만 다니겠다는 것이 아니다. 그런 면에서 한계는 '중용을 지키는 것'과 엄연히 다르다. 최고와 최악 사이에서 균형을 맞추기 위해 중간 지점에 머무르는 '중용'은 사람을 왜소하게 만든다. 다른 사람의 눈치를 보며 움츠러들게 하고, 착실한 부하나 쉽게 현혹되는 소비자, 줏대 없는 유권자로 만들 뿐이다. 한계를 설정하는 것은 치명적인 상처를 입지 않고, 체념하지 않는 선에서 도전하고 실패하며 성장할 수 있는 방법을 찾기 위함이다. 한계 안에 갇히는 것을 두려워할 필요가 없는 이유다.

능력의 한계를 확인하는 데는 포기하지 않는 열정과 노력뿐만 아니라, 실패할 때마다 상처를 이겨 내고 마음을 다잡게 도와주는 나침반이 반드시 필요하다. 위기 때마다 그런 나침반 역할을 해 주는 것이 바로 '성공의 경험', '외부로부터의 피드백', '새롭게 도전할 수 있는 일' 이 세 가지다.

첫째, 성공의 경험이란 그동안의 노력과 희생을 보상받는 일이다. 돈을 버는 일일 수도 있고 원하는 위치에 오르거나 사랑을 받는 일일 수도 있다. 어떤 모습이든 간에 그동안의 노력과 희생이 헛되지 않았다는 기쁨은 우리에게 힘과 용기를 준다. 바닥났던 에너지가 완전히 재충전되는 것이다. 충전된 에너지는 다시 더 많은 것들을 꿈꾸게 하고 이룰 수 있도록 도와준다. 두 번째, 외부로부터의 피드백은 다른 사람의 감사와 칭찬, 인정을 통해 존중받고 있다는 것을 느끼는 것이다. 이런 평가는 우리에게 자신감을 심어 주고 과감하게 전진해도 된다는 믿음을 준다. 마지막으로, 새롭게 도전할 수 있는 일은 우리로 하여금 좌절감에 빠지는 대신 모든 힘을 총동원하여 한 가지 일에 집중하게 만든다. 도전이 없다면 사람은 발전할 수 없다. 도전할 때 성장하고 한계를 확대할 기회를 얻을 수 있다. 또한 도전이 없을 때 우리의 힘은 잠이 들고 정체되며 우리의 영역은 축소된다. 자신이 본래 얼마나 강한지, 무엇이 다시 우리를 나약하게 만들고 우리의 한계를 줄일지에 대한 직감마저도 잃을 수 있다. 이런 과정을 반전시키려면 자신의 한계까지 한 걸음 한 걸음 도전하며 밀고 나가야 한다.

마라톤에 처음 도전하는 사람에게 곧장 풀코스 마라톤을 뛰게 하면 10킬로미터도 가지 못하고 주저앉고 말 것이다. 의연하게 달리는 사람들 사이에서 펄떡이는 심장을 부여잡으며 자신을 심장병 환자로 의심할 수도 있다.

한때 몸무게가 112킬로그램이나 나갔던 전 독일 외무부 장관 요슈카 피셔는 달리기로 1년 만에 35킬로그램을 감량하고 독일에서 가장 유명한 아마추어 마라토너가 되었다. 그는 달리기를 시작하는 사람들에게 조언한다. 중요한 것은 시작하는 것과 그것을 지속하는 노력이라고. 그는 비가 오나 눈이 오나 밖으로 나가 매일 1시간씩 10킬로미터를 달렸다.

한계를 극복하고 성장하는 것도 이러해야 한다. 한계를 인식하는 일은 다음 스텝을 위해 땅을 딛는 것과 같다. 땅을 딛고 서 있는 발이 안정적으로 몸을 받쳐 주어야 고꾸라지지 않고 다음 발을 내밀 수 있는 것이다. 한 번에 너무 멀리 가려고 하지 말고 한 걸음씩 나아간다고 생각하라. 꾸준히 속도를 높여 나갈 때 과도한 압박감에서 벗어나 자신이 얼마나 발전할 수 있는지 즐기면서 살아갈 수 있다.

옮긴이의 말

인간은 끝없는 도전과 선택의 과정 속에서 자신의 한계와 마주치며 살아간다. 이런 생존 환경에서 인생은 끝없는 적응의 과정이란 본질을 지닌다. 다윈이 말하는 적자생존이란 스포츠에서 말하는 '최고의 능력'이 아니라 환경에 가장 적응을 잘 하는 사람을 가리키는 말이다. 적응이란 자신의 영역을 지키고 일정한 선을 넘지 않는 한계 설정에 성패가 달렸다고 말할 수 있다. 이 같은 환경 적응의 과정에서 한계는 개인이 능력을 최대한 발휘할 수 있는 세력의 범위를 의미하며 자신만의 특징을 드러내는 고유한 영역인 동시에 개인과 개인, 개인과 집단, 집단 상호간에 존중해야 할 경계선을 말하기도 한다. 사회는 어떤 의미에서 각 구성원이 차지하는 한계 영역의 집합이기 때문에 경계 보호와 충돌에 따라 평화와 안정이 이루어지기도 하고 대립과 갈등이 발생하기도 한다.

'큰 틀에서 생각하라!Think big!'라는 유명한 구호를 접하며 사람들은 자신의 한계를 뛰어넘으려고 한다. 이런 이데올로기는 손에 넣을 수 있는 것에는 전적으로 한계가 없다든가 현실성이라고는 없는 온갖 평등에 대한 생각에서 나온다. 한계 설정이란 측면에서 볼 때, 모든 출발 조건이나 재능, 소질, 육체적·사회적 조건과 건강 조건을 평등한 것처럼 보거나 생존에 대한 각종 혜택이나 기회, 난관이 다 똑같다고 보는 무책임한 태도다.

한계라는 말을 할 때, 문제는 경계선 그 자체가 아니라 자신의 뜻을 펼치고 책임을 지며 자율적으로 발전할 수 있는 보호된 구역이라는 것이 핵심이다. 근본적인 의미로 경계는 한 구역에서 다른 사람의 구역 또는 공공구역으로 넘어가는 통과 지점을 말한다. 이런 의미의 경계는 비유적인 의미의 한계와도 다를 것이 없다. 그리고 만남과 갈등의 장소로서의 경계지대는 우리 자신에 대한 우리의 관계, 다른 사람 및 우리를 둘러싸고 있는 세상에 대한 우리의 관계를 규정하는 것이기도 하다. 그런 의미에서 '좋은 담장, 좋은 이웃'이란 서양의 속담은 이상적인 한계 설정의 표현에 다름 아니다.

인간은 어릴 때부터 한계와 마주친 가운데 성장하고 스스로 발전한다. 아이들은 자신을 둘러싼 세계를 발견하고 자신의 공간을 차지하며 행동반경과 자신의 구역을 확장한다. 그리고 어제는 할 수 없었던 것을 성취했을 때 자랑스러워하고 행복을 맛본다. 세상을 향해 마음을 열고 자신의 주변에 있는 모든 것에 호기심을 보인다. 조금씩 영역이 확대되면서 앞으로 더 나가고 좀 더 큰 도전을 감행하도록 동기부여를 하는 성공을 경험한다. 힘과 능력, 책임감이 생기면서 인간은 자신의 한계를 넓힌다.

그러나 오늘날 '난 할 수 있다!I can do it.'와 무한경쟁의 시대적 이데올로기는 자신의 경계선을 긋는 한계 설정에 전혀 도움이 되지 못한다. 오히려 자기 자신의 영역에 대한 인지가 부족해 자신의 영역이 아닌 곳에서 능력을 발휘하려다가 좌절하고 마는 역설적인 상황이 발생한다. 이런 의미에서 한계 설정의 중요성이 이 시대의 화두로 부각되고 있다.

『나는 단호해지기로 결심했다』는 먼저 한계의 의미를 명확히 규정하고 한계 설정에 대한 이론을 심리학적, 진화론적으로 풀어 가며 이것을 방해하는 요인을 설명한다. 아울러 심리 치료사로서의 경험과 구체적인 사례를 통해 생각과 신체 반응, 의사소통 같은 신호를 통해 한계 설정을 하는 실천적인 방법과 훈련 과정을 자세하게 안내한다. 또 한계 설정 테스트를 비롯해 항목별 점검 목록, 자가진단을 위한 핵심 설문이 본문 속에 고루 배치되어 있는 것이 특징이다.

이 책에 앞서 발표한 롤프 젤린의 베스트셀러 『지나치게 민감할 때: 과민성—결핍에서 과잉까지』는 엄청난 반향을 일으켜 핵심 독자층의 애독서가 되었고 저자 자신은 『나는 단호해지기로 결심했다』를 그 책의 속편으로 볼 수 있다고 말한다. 이 책이 일상생활에 더 실용적인 방법을 소개하고 있기 때문이다. 또 이 책은 단순히 과민체질뿐만 아니라 한계 설정에 어려움을 겪는 모든 독자를 위해 쓴 것이며 여기에는 정상적인 감각을 지닌 수많은 사람도 포함된다고 설명한다.

자신의 한계를 받아들이고 이것을 존중할 때 자신의 한계를 넘어서는 발전이 가능하다는 것은 역설적이다. 한계를 받아들이고 나서야 비로소 그 한계를 극복할 수 있다는 말이다. 그러면 우리는 부채가 아니라 자산의 토대에서 살게 된다. 우리에게 베풀어진 부와 가능성을 인식할 수 있기 때문이다. 적절한 한계 설정을 통해 여유로운 삶을 누리면서 자신의 한계를 확대할 수 있다는 것이 롤프 젤린의 결론이다.

옮긴이 | **박병화**

고려대학교 대학원을 졸업하고 독일 뮌스터대학교에서 문학박사 과정을 수학했다. 고려대학교와 건국대학교에서 독문학을 강의했으며, 현재 독일어와 영어 번역과 저술을 하고 있다. 옮긴 책으로 『동물과 인간 사이』, 『하버드 글쓰기 강의』, 『공정 사회란 무엇인가?』, 『단 한 줄의 역사』, 『두려움 없는 미래』 등이 있다.

나는 단호해지기로 결심했다

초판 1쇄 발행 2016년 4월 11일
개정판 1쇄 발행 2020년 6월 25일
개정판 5쇄 발행 2023년 6월 12일

지은이 롤프 젤린 **옮긴이** 박병화

발행인 이재진 **단행본사업본부장** 신동해
편집장 김경림 **디자인** 어나더페이퍼
마케팅 최혜진 **홍보** 반여진 허지호 정지연
국제업무 김은정 김지민 **제작** 정석훈

브랜드 걷는나무
주소 경기도 파주시 회동길 20
문의전화 031-956-7213(편집) 031-956-7087(마케팅)
홈페이지 www.wjbooks.co.kr
인스타그램 www.instagram.com/woongjin_readers
페이스북 https://www.facebook.com/woongjinreaders
블로그 blog.naver.com/wj_booking

발행처 ㈜웅진씽크빅
출판신고 1980년 3월 29일 제406-2007-000046호

ISBN 978-89-01-24344-3 (03180)

* 걷는나무는 ㈜웅진씽크빅 단행본사업본부의 브랜드입니다.

* 책값은 뒤표지에 있습니다.
* 잘못된 책은 구입하신 곳에서 바꾸어 드립니다.